考える習慣としての「りんてつ」

臨床現場に活かす哲学的思考

奥村茉莉子
池山稔美
＝編著

Ψ
金剛出版

はじめに

奥村茉莉子

I 「りんてつ」のこと

二〇一一年、東日本大震災の翌月四月に、当時、若者への大講堂での講義で人気だったマイケル・サンデルのベストセラー『これからの正義の話をしよう』を読む会が開かれた。医療機関に勤務する臨床心理職の人たちとその友人の地方行政にかかわる男性、通信関係の企業の男性、出版社の女性などが加わった数名の集まりだ。

哲学というと、その本丸は使う言葉の定義とそれを操る際の論理の正しさが問われる。にわかに馴染みになれる相手ではないのだが、哲学という二文字にはちょっとした魅力がある。それは、その学問の歴史が人間精神の歴史でもあるということ、そしてその学問は宗教も含めた時代の権力やいわゆる私欲に発する事柄を、さらに科学をも対象化して人間存在の有り様を問うものであるからであろう。

私が当時営んでいた心理相談室は、建物のセキュリティーに優れ、外界から隔てられたやや非日常的な空間であった。そこでの集まりが、目的は特に定めず、それぞれの動機がどんなものかも正確には互いに知らないまま、これも非日常的な二時間をすごす、あてもない営みの始まりだった。この営みにはサロンのようなという形容もあるかもしれないが、サロンという名前に含まれるゆとりある遊び感覚には必ずしも当たらない、さりげない真剣さが特徴だった。一人ひとりが多忙な仕事をかかえ、家庭も営む中、この集まりは三カ月に一回のペースがほぼ守られて十年が過ぎた。震災、原発事故という未曾有の不条理を何らかの形で国中が共有する中で、一人ひとりにおいて、考えることへの促しが働いていたように思う。それから十年、二〇二二年の現在も、新型コロナ感染症という世界規模の不条理の中、私たちは考えることへの促しに改めて直面している。

学術としての哲学そのものの専門性をもつわけではない一人ひとりが、日々の仕事や生活の中で出会う問題に、自分なりに納得のいく答えを見出そうとする作業を、わたしたちの臨床哲学と呼ぶことで、このグループの集合動機が支えられた。そしてメンバーはいつしか、この営みに対し、親しみと慎みをもって「りんてつ」というひらがなの名前をつけていた。十年の間にはメンバーの入れ替わりも多少はあったが、基本的に五、六名がいつも参加していた。

Ⅱ　非科学と科学

生活や仕事の中で出会うさまざまな問題を、書籍を材料に皆で議論していると、その雰囲気の中で、日ごろ漠然と抱えていた疑問や問題に、一人ではいきつけなかったかもしれない自分なりのある結論がふと浮かぶことがある。そのことは互いに共有化するという申し合わせをしていたわけではないので、それぞれの思考の経緯は必ずしも開陳されるとは限らない。私の例で言えば、後に記述する関連図書の中の、井上円了による『妖怪玄談』である。東洋大学創始者の井上が晩年に、といっても没年六十一歳の若さだが、全国行脚で資金を集め作った東京都中野区にある哲学堂公園は、第二次世界大戦後数年しか経っていない当時は整備もされておらず、神田川に注ぐ妙正寺川の岸の起伏のある一帯が、崖あり、坂あり、斜面は雑草の原で、小さい流れにはザリガニがいた。春には桜も咲き、近所の子ども達には格好の遊び場で、子どもサイズの人間にはとても広いところであった。その一角には木彫りの幽霊の立ち姿が小さい堂に収められ、また銅製の大きな釈迦涅槃像が収められた建物等があった。崖を下ると川べりに梅林があり、そこには心字の形に石がならべられていた。友達と走り回っていた幼い自分の姿も思い浮かぶ。そんな記憶を背景に、井上が全国を歩いて収集した不思議な出来事と言われるもの、それらに対する解明的思考に関する記述を読むうちに、その内容はさておきながら、ある思いが浮かんだ。

非科学と科学は物事に対する私たちの態度にかかわる事柄である。義務教育では、科学によって社会に共有されている知識を学び、物事を判断するに当たっても科学的根拠が示せないと相手にされないところがある。ちなみにある小学校の図書室の宗教のラベルのある棚にはお化けに関する通俗的な本が置かれていて、いささか残念な気がした経験があるが、おそらく特定の宗派の名前が書かれた書物は公立学校の場に置くわけにいかず、かといっていわゆる宗教学は子どもには難しいと判断されたのかもしれない。そのように教育の場では非科学に属することは脇に置かれている。井上はたくさんの妖怪話を収集しつつ、結局はそれらが不思議な出来事ではなく、いわば認識の誤りであって科学的に説明のつくことであるとする。しかし最後に、それでも……と言って、たどりつく真の不思議について、物そのもの、こころそのものが存在すること自体が不思議（真に怪しいこと）というべきだと述べている。この議論は新しいことではないが、井上の生まれ育ちから生涯をかけた活動の話をグループで共有するうち、私は、人間というのは神秘を必要とする存在なのだ、と深く納得したのであった。そのように考えると、自分も含めた人々の宗教話、神話話、そして霊との付き合いあるいは偶然と思える出来事に大いなる意思を感じる態度などの話に対して、自分が随分と寛容になれることが実感された。自らも、日常生活あるいは人生の途上で経験する困難や思いがけない困った出来事の受け止めにおいて、それは何者かが配したハードルなのであって、越えることが試されているのだと考えるようになっている自分を感じた。ただしそこに政治や金銭が絡むとまた別で、せっかくの神秘の純粋性が汚されるような気分にもなるのだが。

本書では、読書を共にしたグループのそれぞれの方が、どのような思考を辿ったのか、開陳されることを期待している。

Ⅲ　二律背反の中で

最初に扱った図書にマイケル・サンデルが記述したテーマの中から、暴走する路面電車の行く手に左右への切り替えポイントがあり、それぞれに五人と一人の線路工夫がいて、電車はブレーキが利かないとき、あなたは左右のどちらを選ぶかという、冒頭に出てくる問題は、あちこちで話題にされて有名である。まだ年はのゆかない児童にこれを提示した授業が、不適切ということでニュースになったこともあった。トロッコ問題はのっぴきならない二律背反状況に置かれた時にあなたならどうするか、という問いである。他にもたとえば、一つしかない貴重な食べ物を誰にあげるかとか、遭難してあと一人しか乗れない救助ボートに誰を乗せるかなどというものも、暴走するトロッコよりは少し表現がマイルドだが、同様の二律背反状況である。子どもの内面の発達を見ようとする心理検査にこうした問題が扱われた試作があるが、子どもでもこうした問いにはおそらく無邪気ではいられないだろう。そもそも子どもは本来無邪気なのかどうか、ということも定まったことではないが……。筆者は以前にこの問いを大学の学部心理学科の学生に紹介したことがある。答えてもらったところ成人ながら、気分が悪くなったと申告した学生がいた。ことほど左様に自分のこころのあり方を問われ、特に二律背反の葛藤に晒されることは、場合によってはその問いを発した者への不快感と共に、心身の緊張を高めるのであろう。

二律背反の状況は思えば私たちの生活に日常茶飯事として展開している。家庭を営めば、月並みな例だが、入浴の優先順位などはかつては長幼の序列を持ち出して規律されていたが、男女や老若の関係が変わった現代の家族はどうだろうか。長幼の序と言えば、筆者はかつて、寺の住職から殺生にまつわる講話を聞いたことがある。海辺の村出身のその方は、漁師の家の末っ子として育ち、夕食にはその日獲れた一尾の魚を両親と大勢の子ども達が父親を一番年齢の上の子どもから順番に箸をつけ、母親が最後に摂ることで、少しも残さずその魚の命を摂る食卓状況であったという話である。幼児も一個の人格と捉える現代ではこのような食の差別は人権問題かもしれないが、おそらく生涯忘れられない家族の風景であろうその食卓は、生活の中で人間性を育む、極めてラディカルな状況であったと想像される。その住職はもう亡くなって久しいが、朗々と読経し、高身長の僧衣の裾からたくましい裸足が見える、都会の僧侶らしからぬ風情の方であった。現代の家庭では、あからさまに優先権を争わねばならない事は避けて、それぞれが平等となるように計らわれる。家には便利な機器がいくつもあり、面倒な対立を経験しない生活が子どものこころの成長の機会を奪うともいうのだが。

そして、令和四年現在の新型コロナ感染症対策をめぐる日本の政治の不決断と迷走である。感染制御か、経済維持か、この二つの対立の下層に権力闘争があり、いわゆる専門家の挙措があり、ここでも複雑な二律背反が層を成して絡み合い、解決策としてのご都合主義が露わになっている中、何が優先されるべきか判断困難な状況が日々展開している。誰に助けを差し向けるか、トリアージがひっそりと行われざるを得ない場所があちこちにあると報告される。私たちの今の社会は、災害と疫病のサイクルが地球規模で短縮化し、破局の予感が通奏低音として流れる器のようである。その器の中で、誰がどのように暮らし、生活を保つのか、その中のメンタルヘルス、こころの健康は、どのように支援できるのだろうか。

Ⅳ　言葉について

心理支援はコミュニケーションを通して行われる。そのコミュニケーションは言葉によってなされる時にその記録は可能だが、コミュニケーションの実際には非言語のメッセージも大きくかかわる。そして非言語によるメッセージは関係性の中で展開し、その意味のやりとりの様相は浮動し、捉えがたい。

ニーチェは人と人の間にかかる「虹の橋」という言い方で、人のコミュニケーションの性質を語っている。


「言葉と音声とが現存するということは、なんと好ましいことか。言葉と音声とは、永遠に分離されたもののあいだにかかる虹であり、仮象の橋ではなかろうか?」(『ニーチェ全集』10 吉川伝三郎訳「ツァラトゥストラ下」一四一頁 ちくま学芸文庫、二〇〇二年)

1 情報や意思を伝える言葉

言葉は人類社会が成立する基であり、情報の横の伝達、時代を超えた縦の伝達によって、私たちの集団的なアイデンティティーは支えられている。個人も時間の経過の中で出来上がった自分の家族との関係、人々との関係の中で、横の情報交換が行われつつ、そのアイデンティティーは支えられている。そして、人にとって過去から繋がる現在を、その過去から離脱する形で変えることはアイデンティティーの修正もかかわるメンタルにはかなりの力仕事である。子ども達が、母親的人物と一体になっている自己の段階から、少しずつ自己身体の統御ができるようになり、自身の体験に根差した他でもない自分のこころを持つようになると、新たな自分が機能しはじめる。語彙が増えるということ以上に質の異なる、それまでは使わなかった自分固有の意味を含む言葉を新たに獲得する。個々が発する、ボク、アタシ、という名詞には一人ひとりの異なる意味や心象が含まれている。この時期は、子との一体感の中にいる母親にとっても危機的である。容易にコントロールできていたはずのわが子が「イヤ」と言って離れて行く経験を受け入れ超えるために支援が必要になる人々もある。

さらに長じて、その人にとっては家族が世界の大きな部分であったところから、外の社会の、人々のいる世界に位置づく自分に気づくと、自分の家族は徐々に客体として見えるようになる。家族と交わしてきた言葉に、新たな意味を持つその人の言葉が加わり、家族との関係で時にはそれが理解されないことも生じる。反抗期と呼ばれる時期の当人のこころは、反抗が目的なのではなく、新たに意識され拡大した自分の世界が、家族にはにわかには理解されないことへのいら立ちの結果、その言葉が反抗のように聞こえることもあるのだと思われる。人の成長はそうした形で成し遂げられていき、使う言葉は文字面だけではないニュアンスも含めてその人を表す。そうなると、その言葉が理解され、通じると思える他者の存在がその人のメンタルヘルスにとって重要になる。しかし必ずしもそのような対象が誰にでも得られるとは限らない。思春期以降の対人関係の問題は、通じる相手を得られないことに由来することもある。

成長とともに広がる言葉は日常的に使われる言葉であるが、一人ひとりがさまざまなニュアンスで使う言葉でもあるので、多くの言葉は多義的である。単純な単語でも、一人ひとり異なる意味や心象を表しているだろう。家族が共有しているペットのジローであれば、思い浮かべるそれは同じだろうが、共有のペットではない「シェパード」だったら、それがどのようなシェパードなのか、思い浮かべているものは微妙に異なるに違いない。さらに抽象度が上がって、「イヌ」となったら、さらに相違の幅が広がる。具体的な表象ですらそのようであるので、これが抽象語であったら、おそらくもっと異なる内容をそれぞれが伝えているつもりになっていると思われる。しかし日常会話はそういう曖昧性をいちいち追及しないで多義的な言葉を互いに許容しつつ行われることがほとんどだ。そして日常会話にとって重要なのは、言葉の意味の交換だけでなく、その会話を包んでいる情緒的空気感の役割である。互いに許容しあっている間柄なのか、何等かの対立をはらむ関係なのか、あるいは利害を図りあう関係なのか等々。

他方、言葉を多義的なままにしてはおけない場合がある。その会話に何か意図があるとか目的が別にある場合は、「その言葉ってどういう意味かな」とか「それを言うなら○○という言葉の方があてはまるのでは？」といったコメントがはさまれるかもしれない。もっと厳密さを要求する、たとえば学術用語、技術用語などでは、それを交わす者同士が「定義」を共有していることが必要であったり、その定義にも前提となる一定の操作を規定しておく必要があったりする。古い話で恐縮だが、筆者が学部心理学科でネズミの実験をしていたところ、「学習」という語は、実験用の白ネズミがスタート地点から迷路を探索して対角線のゴールにある一片のチーズに行き着くまでにかかる時間が試行を追って短くなる場合、その現象を学習というと定義する。多義的に言葉を使う日常用語とはかけ離れた言葉の使い方が重要らしい当時の心理学研究の世界への違和感を大きく感じてしまったことは、私のその後の進路選択に影響した。

余談だが、実験用のネズミの中にはチーズを好まない個体がいて、「学習」は成立せず、そのネズミは小柄なまま、ただ多動な動きが目立っていた。この個体の行動の結果は数えるうちに入れるのか、除外するのか。この問題は、そもそもその学習実験の前に、その学習が個別のネズミにとって学習に値することなのかどうか、という問題があることを考えなければならないようだ。この偏屈な小ネズミにとって、何であれば学習するに足ることだったのだろうなどと今頃思ったりする。そして今だったら、実験が終わってネズミたちがひそかに溺死させられる時（動物実験の倫理的問題について、動物実験廃止・全国ネットワークによれば、日本では二〇〇六年以降、さまざまな取り組みはあるものの、先進国で唯一これを規制する実効性ある法律を持たない国なのだそうだが）、私はこの小ネズミだけは引き取りたいなどと言いだして助手を困らせたかもしれない。また、これがネズミではなく人間だったら、一斉の集団教育の中の、個別の児童・生徒の個性の尊重といったスローガンの実際の運用をどのように行えるのかという問題であるかもしれない。話が脱線したが、言葉を曖昧にしておけない場合には定義を付した言葉の操作が必要になる。その定義は誰にも共有されるものでなければならない。実験心理学で扱う言葉は一人ひとりの固有の言葉であってはならないのだ。臨床心理学、とりわけ心理支援という営みが個別の言葉を語る個人とのかかわりから出発することとは対照的である。

2 現実操作にかかわる言葉

二〇一五年九月、半世紀の紆余曲折の後、わが国初の心理職の国家資格が法制化された。それまで臨床心理学に基づく対人援助は、国家資格がなかったために部分的にしか普及しなかった。うつや自殺、引きこもり、虐待、ハラスメント、少子化などが社会問題となる中、国として養成カリキュラムを指定し、国家試験を行ってその人材を確保することになった。これにより心理支援を広く人々に提供できる体制作りを国が志向し、施策の目的を実現できることが期待される素養と志をもっているはずの専門職者が生まれることになった。心理的な対人援助は、物を作ったり修理したりすることとは異なる次元の仕事であり、試験に合格してもその先の生涯研修が不可欠なので、素養、という言い方になるのだが。さて、はからずも人生の折り返し点以降の半生をこの課題に費やした私としては、国家資格が成立したことは真に感慨のあることであり、またこの間には多くの学びがあった。学びの半分は、現実に対して働きかけるために必要な事柄についてであり、また半分は、この経緯で使われる言葉への、警戒感とでもいえるような事柄の数々であった。

国家資格が成立する以前、三十五年ほど昔、心理職の国家資格創設活動は、「医行為」という言葉に苦しめられていた。この言葉は、医師でなければ行ってはならない行為、医師以外の者が行えば危険となる行為、などと漠然とした言葉で定義されている。これが薬を処方する、手術をするなど身体を直接侵襲する行為の範囲であれば誰しも異論はないだろう。しかし、心理相談といった行為の場合はそういうわけにはいかない。当時の議論では、医行為に該当するものが少しでも混ざっている「可能性」がある場合は臨床心理技術者（医療機関の心理職はそのように呼ばれていた）は「医師の指示のもとに、診療の補助として業務を行える者」となるということであった。当然、医師の指示が法律的に及ばない医療機関の外ではその業務を行ってはならない国家資格となる。私はこのように現実を規定していく言葉には慣れていなかった。並行して使われていたのが「業務独占」という言葉である。当時すでに民間資格ながら臨床心理士は不登校対策としてスクールカウンセラーに登用されていたし、職能団体を作って研修活動にも力を入れていたので、医療に閉じ込められる国家資格を容認することは多くの心理職が制度上はいわば無資格者と確定した立場になることを意味したのでそれを受け入れるのは無理であった。しかし医療の現場ではすでにニーズに沿った仕事がなされていたし、指示というかどうかは別として実際は医師から患者を示されて心理検査や面接が行われ、家族等必要な関係者との面談も行われていた。また一部であるがチーム医療の一員としてノミネートされつつあった。他方、医行為は医師の独占業務であり、多くのコ・メディカル職種は「診療の補助として」その業務を行えるとそれぞれの資格法に示されている。心理職の国家資格創設活動のはじめのころ、医療のみの国家資格ではないものを作ることを要望して管轄部局に一、五〇〇筆ほどのささやかな署名を届けたことがある。「せっかく資格を作ってあげようとしているのに」、と渋い表情の管理職の方が若い職員に「これは業務独占だよね」と確認し、「そうです」というやりとりがあった。しかしこの業務独占は心理職の業務独占なのではなく、それは医師有資格者の「業務独占」であり、逆に心理職はその行うすべての業務が医師の独占業務と規定されることを意味する言葉であった。署名を一緒に届けた今は亡き、当時東京臨床心理士会事務局長の佐保紀子さんと私は、このやりとりが何かトリッキーなもののように感じて顔を見合わせたものだが、私たちがこの世界を知らなかっただけで、当時の厚生省で医療関連の業務で業務独占という言葉は「医師の」を省略してもそのように通用する言葉であったようだ。

その後紆余曲折が約三十年間続く間に、医療に関する世論も変わり、患者の自己決定がインフォームドコンセント（今や若い人にはＩＣと略されて医療以外の分野でも汎用されている）という名前で求められるようになった。医療の世界がパターナリズムから患者の自己決定、チーム医療が常識という世界にたてまえ上では変化し、医師養成の過程で、専門的知識の試験に加えてＯＳＣＥ（Objective Structured Clinical Examination「客観的臨床能力試験」）が二〇〇五年から正式に導入された。これにより、知識偏重の教育から、現場で必要な判断力・技術力・コミュニケーション力などが臨床技能として、実習に出る前の段階で試験されることになった。この臨床技能の教育は実際には難しく、さまざまな課題があるとも聞くが、理念としてそれが合意されていることの意味は大きく、こうした実践能力へのニーズの高さが想像される。OSCEは他にも歯学部、六年制薬学部、獣医学部でも同様に実施され、大学によっては看護学部でも実施されるようになっているという。「医行為」や「業務独占」は資格の基本構造を示すが、実際の現場では患者への医療の適切で効率的な提供という目的のために、こうした言葉の効力よりも、かかわる人々の和こそが必要という認識が公共的になりつつあるということかもしれない。心理職の資格法（公認心理師法）にも、「連携」という名前の心掛けが必須事項として第四十二条に書かれている。このことの実践能力は時代の進行とともに広がる連携の場における連携対象との協働に必要な能力であり、養成課程に意識的に取り入れることが今後の課題であろう。心理職にとって、このような能力はその専門性の中に当然含まれているはず、と考える向きもあるかもしれないが、この資格のカリキュラムを巡っては、知識偏重、実習軽視の考え方が主張される動向もあり、二〇二二年現在、その成り行きは楽観できないのである。

言葉には、時に意味の解釈が必要となり、解釈も時代や状況の都合によって変えられることがある。解釈の変更によって現実を操作することは政治の世界では常套手段のようで、そこから生じる論争を数の力で押し切ることも常のことである。しかしこのような言葉の操作、それによる現実の操作は生活している人々には時に違和感があり、時には怒りをかもし、また時には滑稽であって、総じて不信感が増幅し、日常のメンタルヘルスの基盤を脅かすようにも思う。

3　言語・非言語・コミュニケーション

使用図書の『ことばと身体』は文化人類学者菅原和孝の著書である。ここでは未開の文化の中のコミュニケーションに見られる身体の動きや、日本古典芸能の継承場面に見る身体を通した伝達などが詳細に研究されている。身体の動きは意図的というよりは無意識的に自然のこととして行われつつ、その集団社会におけるコミュニケーションにとって重要なツールとなっていることが示される。これらの非言語的コミュニケーションは心理療法の関係の中でも重要なものだが、非言語であるのでその意味の解釈はさまざまにあり得る。発する言葉のニュアンスも重要だし、言葉と表情や態度が整合していることは相互理解と関係の進展にとって重要な条件である。

セラピストが非言語的表現をどのように感じ、受け取るか、あるいは感じないようにするかも含めて、セラピスト個人の内面がかかわらないということはセラピストがＡＩでもない限りあり得ない。ゆえにその関係性においては、セラピストの内面が役割をもって登場せざるを得ない。セラピストの内面で動くさまざまな思いのうちの何をどのように伝えるのがその関係において生産的であるかを示す指針が、いわば心理療法の理論というものであろう。そして、そのセラピストがどんな理論を選ぶのかは、その人の置かれた状況と内面の有り様の帰結なのではないだろうか。まして、心理療法の対象はさまざまな条件をもちつつ日々変化する環境の中の個人であり、かかわるセラピストはそれらに、自らのこころをもって対応するのであるから、選択する指針である理論も複数を視野に置くことになるだろう。折衷的とか統合的と表現される心理療法の「立場」とは、たんに技法や理論を組み合わせたというようなものではなく、セラピスト自身が関係性において自己の内面が介在すること、自己の内面をくぐらせつつ、クライエントに接していることの表明であると言えるだろう。心理療法の関係ではない日常社会的関係においても、何をどのように相手に伝えるかに関して、社会性をもって穏やかにとかアサーティブにといった指針が語られるのである。そして、どのように伝えるかという要素には、言葉のみならず非言語表現の数々が含まれる。

言語はその音声を互いに確認しながらやり取りするものだが、身体は無意識に動作し、その過程では自他が互いに無意識に同期しあうこともある。身体表現を介した非言語のコミュニケーションが存在することは、ニーチェ(前出)が語るような、われわれが互いに「永遠に分離されたもの」ではなく、言葉と音声という「仮象の橋」を介してのみコミュニケートしているのではないということを示していると言えるかもしれない。

V　書かれた言葉について

哲学は言葉、それも文字言語がその舞台のほぼすべてである。伝える道具としての文字であるから、その意味が誰にも共有できるものである必要があり、論理的に書かれていないと論旨が曖昧、不明となることもある。しかし、表現したいこと、伝えたい思想によっては、平易な、整った文章では表しきれない内容をもってしまう書き手もいる。高度に抽象化された意味を表す言葉も、その意味を誰もが共有できるとは限らない。使用図書の中の、『ホモ・デウス』『レンマ学』などは後者に属する。比喩が多く使われる文章も、何に喩えているのか説明がないと読み手の想像力が試されるばかりで、やはりつきあい辛い。だが、言葉の字句に触れていると、その意味が脳に蓄えられたさまざまな体験の記憶を刺激し、脳神経のネットワークが動き、ある種の感情体験とでもいうようなものとなってその個人にとっての意味が体験されることがある。その過程は論理というより、直観の働きが作用する世界である。にわかには理解し難い文章に接するとき、理解する努力には二通りがある。一つはその文章の言わんとする論理を追いかける知的作業としての努力であり、もう一つはいわば目覚めていつつも脳のデフォルト・モード・ネットワークに自らを委ねる態度で、書かれた文字の表す意味を自分の中にくぐらせる態度である。実際には目覚めているときはこの二つの態度は、混在しつつ、互いに照合しつつ働くのであろうが……。

本書は冒頭に述べたように、生活や仕事において日常的に抱えている課題を背景にしながら、テーマとして選んだ書籍を共有しつつ、それぞれがとらえた認識について書くという作業を集めたものだ。読者には、このグループに参加する気分でそれぞれの書き手の思索を追っていただけたら幸甚である。

話を「りんてつ」に戻そう。この間に取り上げられた書籍は次頁のようなものだった。当初は一冊に複数回かけたが、ほどなく一回一冊で進めることになった。勉強家のメンバーは関連図書も読み込んで報告し合った。書物では言葉がツールのほぼすべてであり、その解釈は多様にあり得ても、原典は時代を超えて思想を伝える。それに触れる私たちは、その脳に蓄えられている、時には矛盾し、整合しない知識、記憶が、哲学の言葉によって繋がり、統合される経験をすることがあるのだ。

〔課題本〕

書名	著者	出版社	発行年
これからの「正義」の話をしよう――いまを生き延びるための哲学	マイケル・サンデル	早川書房	二〇一〇
哲学オデュッセイ――挑発する21世紀のソクラテス	リヒャルト・D・プレヒト	悠書館	二〇一一
感じる脳――情動と感情の脳科学　よみがえるスピノザ	アントニオ・R・ダマシオ	ダイヤモンド社	二〇〇五
ことばと身体――「言語の手前」の人類学	菅原和孝	講談社	二〇一〇
風姿花伝	世阿弥	岩波書店	一九五八
生きることを考えるための24問	小浜逸郎	洋泉社	二〇一一
自由の哲学	ルドルフ・シュタイナー	筑摩書房	二〇〇二
未開社会における性と抑圧	B・マリノフスキー	筑摩書房	二〇一七
ホモ・ルーデンス	ホイジンガ	中央公論新社	一九七三
自殺について	ショウペンハウエル	岩波書店	一九五二
人工知能はなぜ未来を変えるのか	松尾豊、塩野誠	KADOKAWA	二〇一六
教養のヘーゲル『法の哲学』――国家を哲学するとは何か	佐藤康邦	三元社	二〇一六
どうすれば幸せになれるか科学的に考えてみた	石川善樹、吉田尚記	KADOKAWA	二〇一七

書名	著者	出版社	発行年
いじめのある世界に生きる君たちへ——いじめられっ子だった精神科医の贈る言葉	中井久夫	中央公論新社	二〇一六
生きがいについて	神谷美恵子	みすず書房	二〇〇四
加害者家族	鈴木伸元	幻冬舎	二〇一〇
ホモ・デウス	ユヴァル・ノア・ハラリ	河出書房新社	二〇一八
妖怪玄談	井上円了	大東出版社	二〇一一
居るのはつらいよ——ケアとセラピーについての覚書	東畑開人	医学書院	二〇一九
レンマ学	中沢新一	講談社	二〇一九
家父長制と資本制——マルクス主義フェミニズムの地平	上野千鶴子	岩波書店	二〇〇九
カシオペアの丘で	重松清	講談社	二〇一〇
ペスト	カミュ	新潮社	一九六九
教誨師	堀川惠子	講談社	二〇一八

目次

はじめに……奥村茉莉子 3

Ⅰ 「りんてつ」のこと……3

Ⅱ 非科学と科学……4

Ⅲ 二律背反の中で……6

Ⅳ 言葉について……7

Ⅴ 書かれた言葉について……15

第1章 「りんてつ」の実際

——『生きがいについて』を例にして——……池山稔美 25

Ⅰ 自分事を哲学する場「りんてつ」について……25

Ⅱ 課題本『生きがいについて』で考える……29

Ⅲ 応用自在な営み……45

第2章 矛盾を抱えて生きる……中村和江 47

Ⅰ 序文——考える場を与えられて……47

Ⅱ 私たちをとりまく矛盾……50

Ⅲ 対立をつなぐもの……59

Ⅳ 矛盾を抱えて生きる……69

第3章　自治体業務に活かす『りんてつ』……福田　一郎　83
はじめに……83
Ⅰ　自治体職員と哲学の関係……84
Ⅱ　自治体職員の実務について……89
Ⅲ　生活の中でのりんてつ……95
おわりに……100

第4章　臨床現場で出会う「自殺」を考える
――ショウペンハウエル『自殺について』を題材として――……齊藤　理恵　103
Ⅰ　自殺と安楽死・尊厳死……103
Ⅱ　近年の自殺の状況……106
Ⅲ　クリニックにおける心理臨床で出会う「死にたい」……107
Ⅳ　ショウペンハウエル『自殺について』……112
Ⅴ　「りんてつ」と私……116

第5章　職場に哲学を加えると……小林　真記　119
プロフィールとまえがき……119
Ⅰ　想像力不足を補う……119
Ⅱ　答えを持っておく……121
Ⅲ　時候の挨拶も尽きる……124
Ⅳ　葛藤は脈絡なく訪れる……127
Ⅴ　もやもやを和らげる……130
あとがきとメッセージ……135

第6章　なぜ今、日本のビジネスパーソンに哲学が必要なのか？……森永信太郎　139

はじめに……139
Ⅰ　企業活動における哲学……143
Ⅱ　ビジネスに「自由の哲学」が有用なのか……155
Ⅲ　私人としての「自由と哲学」……163
Ⅳ　私人としての「自由と哲学」――私的役割としてのケーススタディ編……166
Ⅴ　私的生活に資する哲学的思考――個としての内面……177
Ⅵ　結論……184

第7章　産業心理臨床の中の哲学的な問いとは……池山　稔美　189

Ⅰ　「りんてつ」で刺激される自分事の問い……189
Ⅱ　産業心理臨床をモチーフにして……190
Ⅲ　哲学と身体感覚……194
Ⅳ　架空事例でみる哲学的な問い……197
Ⅴ　哲学的な問いを考える前提としての態度……210
Ⅵ　哲学的な問いのなかに含意されているかもしれないもの……215
Ⅶ　抱えること気づくこと考えること……224

あとがき――促される思考――……奥村茉莉子　227

Ⅰ　思考と身体感覚……227
Ⅱ　ふたたび二律背反について……229
Ⅲ　コミュニケーションの力……230
Ⅳ　死について……231

Ⅴ　課題とその変容・解消の条件について……233
Ⅵ　無償の営みについて……234
Ⅶ　哲学につながる問いと身体感覚について……236
おわりに……237

臨床現場に活かす哲学的思考

——考える習慣としての「りんてつ」——

第1章　「りんてつ」の実際
――『生きがいについて』を例にして――

池山　稔美

I　自分事を哲学する場「りんてつ」について

1　「りんてつ」のなりたちと毎回の流れ

タイトルに当然のごとく「りんてつ」という言葉を使ってしまった。一体全体、「りんてつ」とは何か？　そう思う方ばかりと思う。このことについては「はじめに」でも触れられているところでもあるが、課題本をモチーフにして考えるこの面白くも真剣な営みの場について、自分の中の整理の意味も含めて少し説明してみたいと思う。重複がある点はご容赦いただきたい。

「りんてつ」が生まれるきっかけは、奥村氏と会の創設メンバーである齊藤理恵さんが、心理臨床の中の哲学的なことを考えるような場ができないか意見交換をしたのが始まりと聞いている。その後、いわゆる仕事の現場や実務という意味で臨床という言葉を使うのならば、心理職だけではなくさまざまな職種や立場の人が集まった方が楽しそうだということになり、結果的に半分は心理職、半分は企業や公務員という構成に落ち着いた。

当初、あまり堅苦しくなくサロン的な雰囲気でという話だった。が、意見交換するモチーフとなるのは哲学、思想、あるいは厳しい現実が書かれた課題本が多い。それらを基礎にして、生活や仕事での自分なりの課題に触れるという営みであったので、真剣さは必要だった。そのためだろうか、最初は少し力んでいたかもしれない。会の名前を「臨床哲学の会」とか「臨床哲学勉強会」と、少々固い名称で呼んでいたし、レジュメの作成が必須で、真面目な読書会や勉強会という雰囲気だった。

ただいつからか、いい意味で「臨床哲学」という言葉の堅さから外れていき、メンバーの持ち味のいい意味で力の抜けた集いになっていくにつれ、この会を「りんてつ」と呼ぶようになっていった。

会はおおむね三カ月に一回、奥村氏の事務所で開催されている。メンバー六名プラス奥村氏の七名がテーブルに着き、課題本をめくる。軽くお茶をいただきつつ、さてさてまずは課題本のレビューから、誰がやる、あ、じゃ私がちょっとやってみましょうか、などという感じで始まる。内容に入る前に、時代背景や作者の情報、他の作品の話などを織り交ぜることもある。片手にスマートフォンを持ちつつ、「この作者ってこんな顔してるんだね」というような情報を挿入することもある。ひとしきりレビューが終わると、それに対して個人個人の理解や疑問、意見を交えて各自が話し、聞く段になる。カミュの『ペスト』を課題本とした回では、作中人物の一人ひとりにどう共感するか、逆になぜこんな態度をとるのかという話になった。ホイジンガの『ホモ・ルーデンス』の回では、心象を形象化していくという行為の価値と意義を感じることや祝祭や競技については理解できるが、法律や神学・哲学を持ち出すのが理解できない、すべての事象を包括させるためにちょっとこじつけたのかな、というような話にもなった。

そして、このあたりから少しずつ「りんてつ」らしさが出てくる。

本の内容を離れ自分の抱えている疑問や意見、あるいは、社会で起こっている出来事の話をしたり、そうしているうちにまた課題本の理解に還ったり、行きつ戻りつしながら個人の内部でその内容が自分事になっていく。その時の問題意識というか日頃から持っている問いらしきものと照合するような発言が多くなる。

もちろん、自分のことだけを話していくというより、全体をみてバランスよく話を振ったり考えたりを繰り返していくので、本から離れ過ぎたかなと思っていると、誰かが引き戻してくれることもしばしばだ。課題本という素材があって、そこから抽象度を上げて考えていくなかで、自分なりの示唆を汲み取り、再びそれを自分の課題や身体感覚と照合しているのが「りんてつ」らしさであろうか。

「りんてつ」はおおむねそのような流れの中で進み、歯ごたえ満点の課題本を咀嚼、反芻し、自分の中にある課題と照合していく。各自が持ち帰る智慧や示唆はある程度共通しつつも、たぶん個人個人が別々のものを持ち帰っていくのが一番の特徴だと思っている。それでも一向に構わないし、むしろそれが特徴であり面白いところと感じている。

2 「りんてつ」はあれでもなくこれでもなく

ときおり友人に、あなたの所属している「りんてつ」というグループは何をやっているのかと聞かれる。たいていは、サロンのような読書会のような集いかなとはぐらかしている。課題本があり、みんなでそれを読んできて意見を発表したり議論したりということからすると、形式的には読書会のようなものと言えるかもしれない。

第一義的には、課題になっている本の著者が言わんとしているところを読み取るのが目的なのだが、持ち返るものは各自違っている。どんなに書いてある内容が具体的なものであったとしても、自分の中にある問題意識が照らし出すものとして課題本の中の言葉を捉えると、見えてくるものが変わってくる。むしろ、あえてそれをしているというところがいわゆる読書会との違いであるように思う。

例えば『孫子』を読むときに、中原(ちゅうげん)でどのような陣形を組むのがよいかと考える人はほとんどいないのと似ている。地形によって戦い方を変えるべきと書いてあるからといって、特殊な職業の方以外は自分の住んでいる地域での戦闘を想像することはない。そんなことより、今やっている自分のビジネスにどう活かすのかとか、人間関係で困った時の参考にするというようなことを考えるのではないだろうか。「りんてつ」だけに限らないかもしれないが、少なくともわれわれは、課題本に書いてある内容を理解するだけでなく、自分の生活や仕事の中で生じる問いへの回答についてヒントを得る、というスタンスである。自由な雰囲気の中で、あえてというより自然にそのような思考の流れが生れていく。

では、課題を考えるという意味では事例検討に近いのだろうか。特に、今回のテーマである臨床現場の中から出てきた疑問に答えるのならば、事例検討会がぴったりではないか。事例検討は、例えばクライエントをどう理解するか、どのような介入や支援が効果的であるのか、今後どのような変化があるのか等々について話し合い、クライエントへの支援の質を上げるとともに心理臨床の技術を向上させる目的として行うものだ。

が、「りんてつ」はこれともちがう。

そもそも具体的な事例の検討ではなくて、割と歯ごたえのある課題本を選んで対象にしている。各自は仕事や生活の中でさまざまな課題を持っているが、それが具体的なものであるがゆえに、いちいち課題本から示唆を得るなどというややこしいことはしない。明日までにケース記録を先方の産業医に提出することになっているのだが、課題本から何か示唆はないかと考えることはあまりないだろう。また、個別で行うスーパービジョンというものも、内容としては気づかなかったものに示唆を得るということであるけれど、事例ということが具体的な課題であるわけだし、経験の高い人から経験の低い人が示唆を受けるだけという構図は「りんてつ」的ではなさそうだ。

さらに、哲学カフェではないかと見る向きもあるかもしれない。先に述べた読書会や事例検討でも「りんてつ」と同じことをやっているところがあるかもしれないし、聞いた範囲ではそれぞれでやりかたや色合いが異なるということなので、「りんてつ」と同じようなことをやっているところもあるかもしれない。ただ、対話する主題があるということなのだとすると、やはり少し違うという気もする。「りんてつ」の場合の課題本は、モチーフとか投影の対象のようなもので内的な対話をするための題材、素材となるものである。

よって、ある程度固定メンバーで、やっていることは読書会に近く、雰囲気はサロンに近く、課題本をモチーフとして各々が個々の課題についての示唆を得ている場という感じだろうか。そこで何が起こっているのか、何がどう醸し出されているのかを言語化するのはなかなかに大変なのだが、先に使った投影法というような言い方でもよいかもしれない。詩人が外部からインスピレーションを得て内側にある何かが言葉になったりするのは、こんな感じなのかなと想像したりもする。

いずれにせよ、内容を読むだけではなくて、各々が抱えている問題や、自分の中にあるよくわからないかたちや質感が判然としない塊や疑問を照合させているような感じといえばよいか。話をするときには本の内容からできるだけ離れず（時々大脱線するけれど……）、なるべく論理的に、社会一般で通用するように対話を進めているつもりではあるのだが……。

Ⅱ　課題本『生きがいについて』で考える

1　何度読んだ本であっても見え方が変わる

では、そのような特徴をもつ「りんてつ」をさらに具体的に紹介するために、課題本の一冊であった『生きがいについて』（神谷、一九八〇a）を取り上げ、どんなふうにこの回の「りんてつ」が進んでいったのかのほんのさわりを辿ってみたいと思う。各々が、各々なりの問いを抱えつつ、何か糸口を探すように手探りしている様が垣間みられるのではないかと思う。

まず、課題本は、哲学的な内容で、そもそも読んだことがない作品を選ぶ場合が多い。難解ではあるが示唆に富んでいると思われるような本を皆で選び、各々書かれている内容を理解するためにしっかり読んでみる。必要であれば別途参考となるデータや副読本などを用意し、併せて理解を深める。選ぶ本はそれなりに手ごたえ歯ごたえのあるものばかりであるから、内容を理解するだけでもなかなか骨が折れる。だんだん著者と対話しているような感じになってくると、ようやく本の理解も山の中腹から裾野がちらほら見えてきたかなというところであろうか。通常の「りんてつ」では、このあたりで集まっている感じである。

ただ、私にとって神谷の『生きがいについて』は初見どころか、二十五年以上前から何度も読み返した本であった。最初から多くの予備知識があって、目新しさはなかった。しかし逆に、そのときの自分の生活や仕事の中での経験から滲んできた何か、あるいはその時に持っていたなんらかの問いのようなものによって、今まで気づかなかった景色が見えたような印象があった。

『生きがいについて』の内容や神谷美恵子の生涯については、すでに多くの優れた評論が発表されている。最近で言えば、若松が『生きがいついて』について詩人志樹逸馬と絡めた素晴らしい批評を書いており（若松、二〇二一）、また、少し前になるが、太田が若き日の神谷の恋と喪失を軸に書いている（太田、二〇〇一）。そういったものにも触れ、再度『生きがいについて』を読むと、内容の理解について深みが出てくる。いずれにせよ、神谷自身の著作等も数多くあるので、目を通しつつ思索の深みに入っていく。

2　神谷美恵子の略歴

『生きがいについて』は平易な文章で書かれ、内容も奇をてらったところがないので、さらっと読めてしまうところも多いだろう。しかし、これを腑に落として読んでいくには、神谷の書く文字面もさることながら、神谷の生きてきた時代、神谷の生き方、あるいは神谷の身体感覚を想像することが不可欠であると思っている。他の著作を含めそれらのイメージを膨らませながら彼女の抱えていたさまざまな葛藤を想像すると、学術的論文でありながら読む側のこころを強く揺さぶるものがある。

「りんてつ」で、毎回著者のすべてのエピソードを説明していくわけではないが、『生きがいについて』はその前提の知識がとても大切だったので、まずは神谷の略歴を長めにレビューするところから始めた。

神谷は、一九一四（大正四）年岡山市に生まれた。父、前田多門が内務省官僚など行政の要職を歴任していた関係で、幼少から青年に至る間、国内でも岡山、東京、新潟、海外ではスイス・ジュネーブやアメリカ・フィラデルフィアなどで過ごしている。

長じて、津田英学塾本科に学ぶころ、叔父の金沢常雄に伴われ、らい患者の隔離治療施設である多摩全生園を訪れる。(注) 患者の運命と生活に衝撃をうけ、医師か看護師になってその方々に貢献しようと考えたが、父多門の反対、家庭という幸せの縛り、時代の要請等もあり、本来自分の目指す道に進むまでには、それから長い年月を必要とすることになる。病んだ人々に献身したいという気持ちは、生涯消えることがなかった。

二十歳のころ、思いを寄せていた兄の友人の野村一彦が結核で死去し、大きな衝撃を受けた。その時の想いを『生きがいについて』の中に記している。現世から弾き飛ばされるような喪失体験である。太田の書いた神谷の評伝（太田、二〇〇一）はこの喪失体験とそこからの回復のエピソードが中心となる。

二十一歳の時、自らも結核を発病し軽井沢の山荘で療養生活することになる。自殺か発狂かと思い詰めるほど極限状況の生活であったが、本や自身の変性体験の中から再度生きる意味を見出す。二十三歳の頃結核が軽快、長かった療養生活を終える。最愛の人は亡くなり、自身は生き延びたという負い目を感じていたようである。

二十四歳の時、父多門の許しのもとコロンビア大学内で転籍し医学進学課程で学び始める。世界が戦争下となった一九四一（昭和十六）年に帰国後、東京女子医学専門学校で学び、卒業後は東京大学精神科医局に入局、内村祐之教授に学ぶ。極東軍事裁判の精神鑑定で大川周明を担当する際には神谷も協力し、また、文部省がＧＨＱと折衝する際の通訳も行うなど、多忙な生活を送っている。

一九四六（昭和二十一）年、三十二歳で当時東京大学理学部の講師だった神谷宣郎と結婚。翌年長男、三年後に次

（注）本稿では、「ハンセン病」の表記について、神谷が『生きがいについて』等の中で使用していた「らい病」という当時の名前で記載する。

男が誕生。家庭と生活を成り立たせるため、語学を教えながら戦後の糊口を凌ぐ。夫の転勤で兵庫県芦屋に転居し、三十八歳で大阪大学医学部神経科に研究生として入局してからも、自分にはもっとやりたいこと、やるべきことがあるとの思いを抱いていた。臨床の道に進めないことの葛藤を強く抱きながら、有能誠実な妻であることと、自分のしたいことや自分に課せられていることとのいずれもが大切なものであるとして日々を暮らす。神谷は自分自身の内面の葛藤のことを「オニ」と表現していたと、後日夫の宣郎は語っている（神谷、一九八〇c）。

一九五七（昭和三十二）年四月、夫宣郎の理解もあり、四十一歳でようやく長島愛生園の非常勤職員としてらい病の精神医学的調査を始めることとなる。この研究を基に一九六〇（昭和三十五）年、大阪大学より医学博士の学位を授与される。『生きがいについて』の執筆を始めたとされる時期はこのころからであり、神谷の表現生活の始まりであったと言ってよいのではないかと思う。

一九六五（昭和四十）年、長島愛生園精神科医長となる。一九六六（昭和四十一）年、『生きがいについて』を出版。その後も、『臨床医学の誕生』『精神疾患と心理学』（ミッシェルフーコー）を訳し、『人間をみつめて』『極限のひと』『こころの旅』を出版した。後年、度重なる体調不良にみまわれ、十数回の入退院を繰り返す。その時ようやく自分は病む人の同志になったと記している。一九七九（昭和五十四）年十月二十二日、心不全により死去。享年六十五歳であった。

3　経験が先で思索が後

著者紹介を終え、ようやく本の中身に入っていく。

『生きがいについて』はこんな言葉から始まる。

「平穏無事なくらしにめぐまれている者にとって思い浮かべることさえむつかしいかも知れないが、世のなかには、毎朝目がさめるとその目ざめるということがおそろしくてたまらないひとがあちこちにいる」

それは、耐え難い苦しみや悲しみ、孤独やさみしさ、治らない病気、仕事や理想からの挫折等いろいろな理由による。そして、「いったい私たちの毎日の生活を生きるかいあるように感じさせているものは何であろうか。ひとたび生きがいをうしなったら、どんなふうにしてまた新しい生きがいを見いだすのだろうか」という問いに続く。これが神谷のこころの中心を占めていたとされ、本の主題になる。根源的、極限的なもので軽々にわかるというようなものではないのだが、問題提起は静かに重く自分のこころに響いてくる。

この問いは、神谷の人生そのものである。神谷の『遍歴』（神谷、一九八〇c）、『神谷美恵子日記』（神谷、二〇〇二）を読み、彼女の生き方を再々にわたって見ていくと、若き頃の経験、日々のこころの葛藤、長島愛生園での経験等を含め人生のエピソードが随所に凝縮されている。

しかし、この冒頭の主題や気づきは、時系列から見て順番が逆なのではないだろうか。

この本は、生きがいとはなにか、どうやって生きがいを見いだすのかというようなことについて、一見、演繹的に研究がなされていく。ただ、神谷の気づきを時系列的に考えてみると、極限状態の中でも生きがいが存在しうるということや、一度それを失っても新たに見いだしている人を多く見てきていたという経験があった。その経験はすでに確信であったが、一体これを言葉で説明しようという欲求から本が書かれたという順番になる。さらに、自身も生きがいや生きがい感を体験し、一度ならずそれらが失われても復活してきたという、恩寵と表現せざるをえないような実感があった。それらをふりかえりながら丁寧に文章にしていったのが、この『生きがいについて』なのだろう。

また、この本は、今から五十年以上前の一九六六（昭和四十一）年に出版されていて神谷が五十二歳のときの作になる。執筆の開始は一九六〇（昭和三十五）年ころであったとされているから、文作だけで六年の歳月を費やしている。その間、一貫して一つのテーマに対する思索を深めていくには、自分の実感、体験が前提のものでしかありえないのではないか。
執筆を開始する頃の神谷の日記には次のように書かれている。

「七月三日（日）どこでも一寸切れば私の生血がほとばしり出すような文字、そんな文字で書きたい、私のこの本は。今度の論文も殆どそんな文字ばかりのつもりなんだけれど、それがどの位の人に感じられるものであろうか。体験からにじみ出た思想、生活と密着した思想、しかもその思想を結晶の形で取り出すこと」（神谷、二〇〇二）

一九九七（平成九）年に、あるテレビ番組で神谷の特集番組が放送されたことがあった。その番組の中で、出典が明確ではないのだが、「あそこ（筆者注：長島愛生園）で通用しうる思想しか、ほんものでありえない、というのが私の迷信なのだ」という神谷の言葉を紹介していた。らい病患者、精神病患者等に対する貢献や、文章によって表現することを強く求めていた神谷の覚悟や姿勢等が強く感じられる。そこで通用する思想というのは、生と死と社会の極限で通用するものであるということであろう。どんなに高名な学者の唱えた哲学的な言葉であっても、あるいは、世の中でもてはやされる思想といえども、自分にとっては意味がないということではなかろうか。思索の果てにたどり着いたものではなく、実感、体験の中で揺り動かすことのできない信念と考えることもできる。

さて、このあたりまでくると、「りんてつ」では最初の意見交換が始まる。

いろいろな意見が出ると思う。『生きがいについて』の冒頭の文章のように、生きがいを失った人々の心情が、クライエントの抱える辛さの理解の参考になるかもというメンバーもいるだろう。働く人の生きがいとはどんなものだろうかと考えることもできる。「四　生きがいの対象」には六項目ほど生きがいの特徴について書いてあるのでこれを参考にしながら自分の仕事を話すメンバーもいるかもしれない。

私が今回改めてこの本を読んで感じたのは、神谷は書きながら発見・理解していたのではなくて、すでに理解した経験を解きほぐすように書いているということだった。「問いが現れた段階で、すでにある程度何かが見えている」という気づきといってもよい。

心理臨床は、対人的な体験である。加えて、例えば産業心理臨床の場であれば、企業や組織というつくられた意味で構築されたものが関わってくるために、事情はさらに複雑に絡み合い、輻輳した何かを生み出す。言葉になるかならないかは別にして、具体的なものから抽出されたエキスのようなものが自分の中に沈殿してくる。

その感覚を、例えば「抽象的ではあるけれど身体意識を伴った」などと表現してみたらどうかと思う。これは、フォーカシングでいうところのフェルトセンスと似ているものだ。ただ、すでになんらかの問いという言葉のかたちになっているところからするとフェルトセンスより少し概念化が進んでいると表現してもよいのかもしれない。何かそこに暗在していて、未だ腑に落ちるところまではいかないが、哲学的な問いとして現れてきたもの。気持ち、イメージ、身体感覚等が混じった感じではあり、矛盾含みは承知で言語化しつつあるもの。これらの問いについては、本書の第7章であらためて考察を加えてみたい。

要は、そのような問いが出てきた段階で、程度はともあれすでに何かがわかっているということではなかろうか。神谷も「わざわざ研究などしなくても、はじめからいえることは、人間がいきいきと生きていくために、生きがいほど必要なものはない、という事実である」と書いているが、これは形而上の意味で言っているのではない。経験的、直観的なものであるのは先に述べたとおりだ。

4　社会という意味の世界の実在

さて、再度『生きがいについて』の内容に戻ってみよう。

神谷は、本文中にたびたび自分の思想を形作っていった経験を書き記している。

例えば、神谷の人生にとても大きな影響をあたえた、野村一彦との恋と死の話である。特に野村との死別を、山崩れ、生き埋め、あるいは、すべてのものが崩壊していくというふうにその絶望感を表現している。神谷自身も自分の性格は持って生まれたものというよりも、彼を喪ったことの影響が大きいことを自覚していた。太田は、『生きがいについて』を書くことでようやく野村一彦の死が神谷に与えた傷も癒えたのではないかとも分析している（太田、二〇〇一）。

また、二十一歳の神谷自らも、野村の命を奪ったと同じ結核に罹患し、軽井沢で徹底的な孤独と絶望の中で療養生活を送ることになる。その中で不思議な体験をしたことについても記載している。「或る日本人女性の手記である」と、あえて第三者の経験として記載しているが、「何日も何日も悲しみと絶望にうちひしがれ、前途はどこまで行っても真暗な袋小路としかみえず、発狂か自殺か、この二つしか私の行きつく道はないと思いつづけていたときでした」という絶望の日々。その中で「ひとりうなだれている私の視野を、ななめ右上からさっといなずまのようなまぶしい光が横切りました。と同時に私の心は、根底から烈しいよろこびにつきあげられ、自分でもふしぎな凱歌のことばを口走っているのでした」と述懐している（神谷、一九八〇ａ）。

この経験について神谷は、精神生理はまだ明らかにされていないが心理的事実としては認めぬわけにはいかないと分析するとともに、「しかし、過去の苦しみの中で一種の「変革体験」とおぼしきものを経て以来、人は人間を超えたものに支えられているという意識があったし、だれに病を染すというおそれもなく、自由に本を読んで暮らせることは最高の恩恵と感じられた」とその実感と心情の変化を表現している（神谷、一九八〇ｃ）。

この本は、本来、論文とか研究の範疇に入るものだろうが、とても平易なわかりやすい文章で綴られている。語学に堪能な精神科医がいろいろな文献から持ってきた知識をもとに、生きがいということば、生きがいを感じるこころ、生きがい喪失者のこころの世界、新しい生きがいを求めてということ等について丁寧に思索を深めていった結晶であるのだが、そのわかりやすさからエッセイのようにも感じられてしまう。繰り返しになるが、神谷の人生の道のりや、特に愛生園で経験した極限の生と死が根底に流れているのだけれど、一読するだけではわからないかもしれない。むしろ、行間を読み込むにつれてその淡々とした調子がかえって真実味を感じさせるのではないだろうか。

余談になってしまうが、神谷が初めてらい病患者と出会った多摩全生園に、私も、数年前に訪れた。敷地横には、現在国立ハンセン病資料館が併設されていて、当時の様子を伝えている。彼の地に立ち現在の建物を見ながら、神谷の歩いた当時の風景や状況を遥かに想像してみた。らい病にかかることは、身体、精神を病むということのみならず、隔離政策のため家族、親族、地域、職場から切り離され、居場所を失うということを意味した。苦しみ、悲しみ、絶望。その場で生きていく覚悟、諦め、生活、治療……。それだけでも壮絶な状況だが、精神疾患を病んだものは療養施設の中でも拒絶され居場所を失ったという。ふと、呉秀三が、『精神病者私宅監置ノ實況及ビ其統計的觀察』（二〇〇〇）の中で述べた、「我邦十何萬ノ精神病者ハ實ニ此病ヲ受ケタルノ不幸ノ外ニ、此邦ニ生レタルノ不幸ヲ重ヌルモノト云ウベシ。」の言葉が思い出された。

一方、まったく別の経験の話を拾い上げることができる。これは『生きがいについて』に直接書かれていることではないが、神谷の職業生活の経緯から伝わることである。

神谷の生きた時代は今とは比較にならないほど男性性と女性性が分けられていて、外で働くことの多くは男性性に属していた。女性は、よき妻、よき母であることに幸せの源泉があるというのが社会常識であった。もちろん、そういった常識は国力やいろいろな技術等によって形作られるものであって、それらが女性を守っていた一面もあったかもしれない。戦後というある意味極限状況ということもあり、また、単純に食糧事情が劣悪だったこともあり、そもそも生きることでいっぱいで仕事を選んでおれないという切迫感もあった。しかし、一人の人間としての自己実現を妨げるものでもあったことは間違いない。

『神谷美恵子日記』にはそのような葛藤が綴られる。

「ああそれに、私の中には女としての生活と同時に自分の仕事を創造したい意欲がうつぼつとしている。いつかはこれが爆発しそうで恐ろしい。風よ吹け吹け、そしてこれらのもの悲しい想念を吹き払ってくれ」（神谷、二〇〇二）

東大医局に入局した際に教授であった内村祐之から「いや結婚は大切だ。ぜひしなければならん。ことに精神科医になるなら人生のことが分からないでは困る」と言われ、実際に臨床を始めてみると、独身の女医なんて、年少者くらいしか相手にしてくれないことを痛感したと書き記している（神谷、一九八〇c）。これが当時の世情であったのだろう。社会的な役割、自分の創造意欲、生活することの困難。その部分だけでも葛藤が伝わってくるし、われわれの生の営みを代弁しているものであろう。

「りんてつ」では、このあたりでまたメンバー間での議論が始まる。

新型コロナウイルスが世界中に蔓延し、多くの感染者と死者を出した。神谷の時代の結核やらい病といった感染症とはだいぶ異なっているが、それらに対応しようとする人々の感情と行動は、現代ととてもよく似ている。もちろん医療や情報技術の進んだ現代との違いもたくさんあるのですべて一緒ということはない。隔離の不便さをいう人もいるが、中には軽症であればほとんど不快さを感じないで療養を行う人もいる。ＳＮＳであらゆるところと繋がった社会であるため、療養生活中も集団からの疎外感を感じにくかったという人もいる。他方、病院と火葬場の裏方の人に聞いたのは、不幸にもお亡くなりになられた方が臨終にあたり親族に看取られることもなくそのまま火葬され、家に帰るのはお骨となった後という事実であった。公衆衛生で見ればワクチンが開発されており、流石に「うちの家系から……」などという言葉が発せられることはないだろうが、個人でみれば辛い現実というものがそこここにあった。

また、結核療養時の神秘体験について言及するメンバーもいるだろうか。

医師であり、科学者である神谷のこの論文は、おおよそ普通の科学者が研究して発表する枠を超えている。人間存在の不可思議さと尊さは、科学の知見のみではなく詩を載せたり個人の主観的な体験まで語らなければ伝わらない。科学と哲学と……それだけでは語りきれないので詩や神秘体験なども含めて人の生を語る。それが人が生きて死んでいくという営みであると理解することもできる。

そんな中で、私は、一度入ったら出られない世界とは何なのだろうか、物理的にではなくて意味づけされたものによって出られなくなるとはなんなのだろうかというような問いについて考えていた。

多摩全生園にしても長島愛生園にしても、当時、相当な田舎に位置してはいたが、それでも物理的な人や物の行き来はあった。長島愛生園は対岸の虫明の港まで三十メートルほどしか離れていない。例えば、泳ごうとすれば可能な距離である（一九八八年に邑久長島大橋が掛かり、現在は地続きになっている）。そこから出られなかったのは、単に物理的なものというより社会の中にある暗黙の意味……隔離、排除、差別、偏見……ではなかったか。

愛生園で発行していた「愛生」という月刊誌がある。園で生活する方々の短歌、俳句、詩などが掲載された冊子だったそうだ。その編集に長く関わってこられた双見美智子さんという方がいる。一九九六（平成八）年当時八十一歳だった彼女が、自身の来歴を話しているインタヴューをＴＶ番組で観た。双見さんは、三十二歳でらい病に罹患した。すでに結婚していて娘はまだ十カ月であった。愛生園に隔離され一カ月が経ったころ夫が面会にきてくれたので、海を見ながら一メートルほど離れて座った。なんで少し離れているのだろうと思いつつ、食べてもらおうと思い島のイチジクを手渡した。夫はそれを食べ、ポツリと「島でイチジクを食べたと言ったら母さんはどう言うだろうか」と言った。その瞬間、その一メートルが十メートルにも百メートルにも感じ、距離が永遠になったように感じた。夫が帰ってすぐに離婚届を送った。それから五十年です、というようなお話であったと記憶している。

らい菌は感染力が弱く、体質によって感染しにくさも異なる。一九四三年には特効薬もでき、すでに不治の病ではなくなっていた。しかし、一九〇七（明治四十）年制定の「癩（らい）予防ニ関スル件」、「一九三一（昭和六）年制定の「癩予防法」及び一九五三（昭和二十八）年制定の「らい予防法」に隔離が規定され、退所の規定もなく、さらに、懲戒の権限の付与、逃亡防止の特別病室の設置、あるいは、患者をなくそうという「無癩県運動」が官民で行われたことなどによって、隔離や差別の考えが一般国民にも広がったのではないかとされている。危険な病気であるという情報と法律により、一般市民も自分たちの身を守るために漫然と差別をし、患者の人生を奪ってしまう。この状況をどういう言葉で表すのが妥当かよくわからないが、人間が社会の中で意味付けしたものが実存となり、多くの人を助けることにもなる反面、当事者を徹底的に痛めつけ傷つけ生きがいを奪い最終的には殺してしまうこともあるということである。意味や約束の世界から逃れることは、良いとか悪いとかの問題ではなく、とても難しい。

ここからはさらに私の中で勝手な思索が駆け巡る。

ユヴァル・ノア・ハラリは『サピエンス全史』の中で、身体的には弱者であったホモサピエンスが集団の力によって生き残ってきた歴史を記述した（ハラリ、二〇一六）。ホモサピエンスは、虚構を集団で共有することで野生の生存競争を勝ち抜いていった。ハラリはこれを「認知革命」と呼んでいる。社会の有り様を考えるとき、何らかの意味によって規定されて実体が生まれる。つまり意味が世界を作っていると理解することができる。生存のために共有した意味の総体、いわゆる虚構によって縛られるから逃れられないということなのだ。大人たちの意識せずになされる養育によって世代を超えて伝えられるものだ（滝川、二〇一七）。であるからこそ、それが持つ強い力や影響は、日常生活の中においてなかなか意識されないというのがおおむねである。

5　人として遇するとは

そしてさらに「りんてつ」での思索は続く。

神谷の献身に触れるにつけ、例えば「クライエントの役に立つということはどういうことなのだろうか」という自分の中の問いについて考えさせられる。村瀬は、統合的心理臨床の考え方の第一として、「人として遇する」ということを上げていて、常に治療者自身のありかたについて相対的視点で眺め、内省を怠らないこととしている（村瀬、二〇〇三）。技法や理論体系以前ともいえるものであり、どのような態度、関係、姿勢等で接することになるか、常々考えていかなければいけないということだ。これは臨床倫理における大前提でもあるわけで、そんなことを思いつつ読む神谷の詩（神谷、二〇一四）が心をうつ。

「同志」

こころとからだを病んで
やっとあなたたちの列に加わった気がする
島の人たちよ　精神病の人たちよ
どうぞ　同志として　うけ入れて下さい
あなたと私のあいだに
もう壁はないものとして

この詩ににについて若松は、「もう壁がないものとして」という言葉が、かえって、それまでの神谷には「壁」が感じられていたことを示していると述べている。そして「島の人」たちとわかりあえなかったのではなく、「島の人」たちの生きる痛みが、それまで以上に感じられるようになったということであると分析している（若松、二〇一二）。

私もまったく同様に思う。医師と患者、社会と繋がっているものと社会から切り離されたもの、五体満足のものと障害を持つもの。いわゆる助ける側、健常者といわれる側等の立場の人はその違いに無頓着になってしまうことがしばしばある。もちろんここでも当時の社会の有り様を背景に置いて理解しなければならないだろう。『遍歴』に記載される「愛生園見学の記」には、当時の医療水準やパターナリズムの相当強かった時代の医師同士の会話などが詳細に記載されており、そこから推察される医師像はやはり世情を反映している。そのまま現代の基準で判断するわけにはいかない。神谷の考え方も、決して役割のない単なるべたべたした関係ではないことが読み取れる（神谷、一九八〇c）。

「癩院の医師というものが、単に病者をあわれんで看護するにとどまるならば、やっぱり物足りないであろうと、それを懸念して来たが、どうしてここの空気はまるでちがっていた。学問的にも非常に活発で独創的で、どの先生も建設的な意気込みに燃えておられる。また患者たちも先生方に、少しでも暇があれば研究してもらいたい、と非常な期待をかけているという。その上、未知の事実を無限に蔵する材料がたくさんころがっているのだ。研究もここにいたほうがほんものができるのだ」

それとは逆に、神谷の中には差別される側の経験もあった。結核に罹患した際に母親に言われた「まさか！　うちにはそんな家系はないよ」と言われたことや、一度見舞ってくれた宗教家の叔父が病の感染をあまりにも恐れている様子をみて身が縮む思いがしたという病者側からの経験である。神谷が「壮健さん」と呼ぶ健常人の振る舞いへの批判は、らい患者の心理について思いを寄せただけでなく、自身の経験から強く感じていたものなのであろう。

では実際のところ患者側からはどのように見えていたのだろうか。ふたたび、双見美智子さんの言葉を紹介したい。

「島を散歩して帰ってくるときに先生と手を繋ぐの。そうすると手ががさがさしていて、あっ、先生もお勝手をしているんだということに気づいてほっとするの」

「話した内容ではないけれど、たまに白衣からメリヤスの下着が透けて見えていたりして私たちと同じものを着てらっしゃるんだと思い嬉しかった」

言葉で伝えることとは別に、ノンバーバルで驚くほど多くの何か別のものが伝わる。神谷の愛のことばは伝わっている。若松の指摘のとおり島の人々は受け入れていたのだろう。きっと神谷の遠慮がちな性格と、若き頃に知った世界全体、人類全体は一つであり、仏教の言葉でいうところとすればいわゆる因縁によってたまたま境遇が違っただけなのだという深い知見をもたらしたのではなかろうか。

「癩者に」（神谷、二〇一四）という詩にはこのような言葉がある。

「なぜ私たちでなくあなたが?
あなたは代わって下さったのだ
代わって人としてあらゆるものを奪われ
地獄の責苦を悩みぬいて下さったのだ」

この詩を読むたびに『歎異抄』の一節を思い出す。

「なにごとも、こゝろにまかせたることならば、往生のために千人ころせといはんに、すなわちころすべし。しかれども、一人にてもかなひぬべき業縁なきによりて害せざるなり。わがこゝろのよくてころさぬにはあらず。また害せじとおもふとも、百人千人をころすこともあるべし」（『歎異抄』）

自分のこころが良くて今の状態にあるわけではなく、諸々の縁起によってたまたま今の状態にあるだけだ。何かの縁、社会のありようによっていかにでも変わったかもしれないし、そこには我と彼との差は何かの偶然でしかないのだ。すべての生が繋がっており、縁によってそこにあり、本当に平等なるという智慧が感じられる。

先の「同志」と「クライエントの役にたつ」という話にもどる。青木は、医療者は患者に許されているということについて指摘をしている。

「患者さんって、治療スタッフが一生懸命にやってくれるからまあいいか、許してあげようかという、ある許すプロセスとでもいうものが、同時に患者さんの方にも流れているのではないかと思うんですね。精神科治療は、それがあるから成り立っているのではないか……。自分たちは治療していると思っているんだけど、その裏側で実は患者さんの側の許すプロセスが進んでいてそれが表裏一体となって初めて治療というものが成り立っているようになっているのではないかと思うんです」（村瀬・青木、二〇〇四）

この許してもらうプロセスが「クライエントの役に立つということはどういうことか」を考えるうえで大きな示唆を与えてくれているように思う。

何かの縁、その時代の社会のありようによっていかようにも変わるなかで、たまたまこの生を生きている。出来事は平等に生じるが、その人の生きている社会という意味の中での価値づけはこの世の中における可不可として線引きがなされる。

一人の人間であるからすべての人の境遇を引き受けることはできない。自分のことは自分で抱えていくしかなく、ある意味諦めることも必要になるかもしれない。そういった事情をもった人々を前に、私は専門職であるから関与していくなどというのは実は大変おこがましいことなのかもしれない。ただ、べたべたせず腹を据えてそこにいて話を聞き寄り添うという背景に、しっかりその人を人として遇しているという前提がある場合にのみ、心理臨床という営みが許され結果的に役に立つということになる、というより、許してもらえるのかもしれない。『生きがいについて』を読みつつ、そのようなことを感じた。

このような感じで、「りんてつ」は課題本の理解と、みんなの意見と、自分が抱えてきた課題に示唆をもらうというところを螺旋状に進んでいく。これは真面目ではあるがなかなかに面白い体験である。ここに紹介した『生きがいについて』も、もっといろいろな視点から紹介していきたくなるのだけれど、本稿の趣旨から離れすぎてしまうのでこのへんにしておく。優れた本は示唆と智慧にあふれているからいくらでも話は続けられる。「りんてつ」の具体として取り上げ、雰囲気さえ伝われば話は足りたということにしよう。

Ⅲ　応用自在な営み

以上、「りんてつ」とは何かについてつらつらと説明したが、「○○の役に立つ」「○○のために行う」という目的がないので、面食らった方もおられるかもしれない。そもそも明確な目的ありきでできた集まりではないからこの営みをわかりやすく定義するための表現が見つけにくい。

鈴木大拙が『禅と日本文化』という著書の中で、禅の特徴を述べている言葉がある。ここでいう「禅」を「われわれの営み」とか「りんてつ」と言い換えてみると、手前味噌な感じではありつつフィットする。これを紹介して本稿を終わりたい。

「禅には、一揃いの概念や知的公式を持つ特別な理論や哲学があるわけではない。（中略）それゆえに、その直覚的な教えが妨げられぬ限り、いかなる哲学にも道徳論にも、応用自在の弾力性を持っていて、極めて抑揚に富んだものである」（鈴木／北川、一九四〇）

〔参考文献〕

E・T・ジェンドリン［村瀬孝雄・他監訳］（一九九九）『フォーカシング志向心理療法上・下―体験過程を促す聴き方』金剛出版
E・T・ジェンドリン［村瀬孝雄・他監訳］（一九九九）『フォーカシング志向心理療法上・下―心理療法の統合のために』金剛出版
ユヴァル・ノア・ハラリ［柴田裕之訳］（二〇一六）『サピエンス全史上・下―文明の構造と人類の幸福』河出書房
日野原重明、昭和人物研究会（二〇一七）『人生は生きがいを探す旅―神谷美恵子の言葉』三笠書房
神谷美恵子（一九八〇a）『神谷美恵子著作集1―生きがいについて』みすず書房
神谷美恵子（一九八〇b）『神谷美恵子著作集3―こころの旅』みすず書房
神谷美恵子（一九八〇c）『神谷美恵子著作集9―遍歴』みすず書房
神谷美恵子（二〇一四）『うつわの歌（新版）』みすず書房
神谷美恵子（一九七三）『極限のひと―病める人とともに』ルガール社
神谷美恵子（二〇〇二）『神谷美恵子日記』角川文庫
神谷美恵子（二〇一四）『人間を見つめて』河出書房新書
呉秀三、樫田五郎（二〇〇〇）『精神病者私宅監置ノ實況及ビ其統計的觀察』社会福祉法人「新樹会」創造出版
みすず書房編集部（二〇〇四）『神谷美恵子の世界』みすず書房
諸富祥彦編著（二〇〇九）『フォーカシングの原点と臨床的展開』岩崎学術出版社
村瀬嘉代子（二〇〇三）『統合的心理療法の考え方―心理療法の基礎となるもの』金剛出版
村瀬嘉代子、青木省三（二〇〇四）『心理療法とはなにか―生きられた時間を求めて』金剛出版
太田雄三（二〇〇一）『喪失からの出発―神谷美恵子のこと』岩波書店
小川仁志（二〇一一）『哲学カフェ―17のテーマで人間と社会を考える』祥伝社黄金文庫
鈴木大拙［北川桃雄訳］（一九四〇）『禅と日本文化』岩波新書
滝川一廣（二〇一七）『子どものための精神医学』医学書院
若松英輔（二〇二一）『「生きがい」と出会うために―神谷美恵子のいのちの哲学』NHK出版
山本多津也（二〇一九）『読書会入門―人が本で交わる場所』幻冬舎新書
厚生労働省（n.d.）わたしたちにできること―ハンセン氏病を知り、差別や偏見をなくそう（https://www.mhlw.go.jp/houdou/2003/01/h0131-5/histry.html）

第2章　矛盾を抱えて生きる

中村　和江

Ⅰ　序文――考える場を与えられて

私にとって、哲学とは心の旅だ。

「りんてつ」と名付けられた臨床哲学の会に、ここ数年片足を浸してきた私は、今のところそんなふうに感じている。

本で拾ったフレーズ、台詞、何気ない誰かのひとこと、日常生活で出会った印象的な出来事から始まり、それらを心に沁みこませ、深く深く考え続ける、心の内側を巡る旅だ。

時には、自分の心の奥深くに埋まった化石のような宝物に出逢うこともある。それはかつての自身の経験や、遠い昔に大切にしていた思いや考えの断片のようなものだ。当時はそれほど価値を感じなかったものたちが、時を経て新たに掘り出された時は、思いもよらない宝物に変わって立ち現れ、今の生活に何かしらの力を与えてくれる。それは、まるでタイムカプセルのようであり、過去の自分から手渡された贈り物のようでもある。

また、日々の仕事の中で繰り返し心を傾けている課題やライフワークを巡る根源的なテーマと絡み合うこともある。会で提示された課題図書が、私の心の旅に新しい立寄地やルート、道標を与えてくれ、それが元々私の中にあった流れに変化を加えてくれるのだ。新しく入ってきた流れと私の中の源流は、一見すると関わり合いのなさそうなものもあるが、よく目を凝らし、耳を澄ませてみると、どこか共鳴する箇所が出てくるのだ。共鳴した新旧の流れは、相互に刺激し合い、変化を与え合いながら、互いに深みを増していく。

とは言ったものの、私も初めから、こんなふうに自由に心が動いたわけではなかった。少なくとも会への参加当初、私の心は今とはずいぶん違う状態にあった。当時私は、子育てのために、それまで続けていた臨床心理の仕事からちょうど遠ざかっていた時期だった。そろそろ仕事に戻ろうかという思いが湧き上がった時と、「りんてつ」への誘いを受けた時が、不思議な巡り合わせで偶然重なった。

子育てでしばらく「社会」とのつながりから離れていた私にとって、会の場で提供される課題図書や話題はどれも刺激的な魅力に満ちていた。ただ、はじめのうち、それらは外から私の心へ投げ込まれるだけで、私の内側からはほとんど何も出てこなかった。意見を求められても、質問を投げかけられても、心の内側からの声がなかなか出てこない。その頃の私は、ただ本の外側をなぞっているだけ、そんな気がしていた。心の内を覗いてみても、ただ暗い空洞がある気がしてぞっとしたこともあった。私の心はこんなにも空っぽになってしまったのか、こんなにも語る言葉を失くしてしまったのかと、恐ろしくなった。だが、その思いは、次第に変化することとなった。「考える場」が空っぽの心に小さな光を灯し始めるのである。

当時私が没頭していた子育ては、ただひたすらに目の前の「現実」を生きる毎日であった。心の内を振り返る間がないのだ。けれど、目まぐるしい生活の一層下、目に見えないところで、心は、「命」やその成長、変化という生々しいものと触れあい、そこから多くを受け取り、積み重ねていたのだ。

それは私の心の内側に層のように折り重なり、過去に知識として身につけてきたものや、思想の種のようなものたちを包み込み、時間をかけて育くんでくれていた。先に述べた「化石のような宝物」を生み出していたのは、この心の地層であったように思う。おもむろに過ぎ行くように見えた「生活」の片隅で、心の層は静かに働いていたのだ。

こう捉えてみると、私にとって、子育て期間は、人生の熟成期間あるいは発酵期間と言えるものだったのかもしれない。そして、「りんてつ」の場は、いわば心をはたらかせる作業のリハビリのようなものだったのだろう。リハビリを継続するうち、段々と私は内側に沈んでいるものを拾い上げ、それを言葉として表すことに慣れていった。心は解(ほぐ)され、だいぶ自由を取り戻した。

現在、私は子ども家庭支援センターという場所を中心に、心理士として働いている。子ども家庭支援センターは、〇歳から十八歳未満の子どもとその保護者を対象に、発達に関する心配や不登校、不適応行動など、さまざまな相談事に寄り添っている。その中でもとりわけ児童虐待に関する相談を多く扱うのが特徴だ。

そして、虐待を巡る家族の問題に向き合うこと、これが、臨床心理の道を志した頃から変わらない、私自身のライフワークである。これまでいくつかの相談機関を経験し、仕事から離れていた時期もあったが、どんな時もこのテーマは私の中心から去ることはなかった。

日々、現場で得るものは多く、重く、そして複雑だ。面接の中で相手から受け取った言葉や思い、イメージなどは、知らぬ間に私の心に降り積もっていく。そしてそれは、いつの間にか私の心の風景の一つを形作っていることがある。それらの一部は、無意識領域にまで根を伸ばしていることもあるため、日常ではほとんど触れられぬ部分も出てくる。だが、ひとたび心の旅に足を踏み入れると、その風景に目を留め、光を当て、味わうことができる。元々外から取り入れたものが、心の内に根を張って私の一部となり、また新たに私によって発見される。心というものの奥深さを改めて実感せざるを得ない。

そこから見出された発見や示唆は、私の意識によって再び外界へ連れ出され、日々の臨床の力になってくれることさえある。例えば、面接での言葉の選び方、他者との向き合い方、事象に向ける眼差しなど、極々細かなところに、だが確実に、見出されたことの成分が溶け出していると感じることが多々あった。

このようにして、「りんてつ」は、現実と心の世界を行ったり来たりしながら、私の心の奥行きや考える力、暗闇に凝らす眼、小さなささやきを聴き取る力を少しずつ育んでくれたように思う。

本稿では、こうした私の心の旅の一行程を、『教誨師』（堀川、二〇一八）という一冊の本を通じて、共に味わっていただくことができればと思っている。そして、それが私をそだててくれた「りんてつ」への恩返しになれば、と願う。

Ⅱ　私たちをとりまく矛盾

今の社会は、目に見える結果が重視され、はっきりした答えを出すことが好まれる時代である。そうした風潮の中で、曖昧さや不確かさに耐える力が段々と弱まっていっているように感じられる。しかし、物事の難しい局面には、ほとんどの場合、簡単には答えの出ないジレンマが介在する。私自身の仕事にも、教誨師の仕事にも、それぞれが持つさまざまな矛盾がある。そこで今回は、この『矛盾』というテーマを中心に据えて、心の旅を始めようと思う。『教誨師』（堀川、二〇一八）という本の世界と、私の生きる現実世界の間を行き来しながら、両者についての考察を深めていきたい。

1　心理士と教誨師

教誨師とは、刑務所で受刑者などに対し、徳性の育成や精神的救済を目的として教誨を行う者のことである。無報酬で、多くの場合僧侶や牧師などの宗教家が、その役割を担っている。さらに、受刑者が死刑囚の場合には、教誨師は拘置所で死刑囚と面談できる唯一の民間人となる。面接を望む死刑囚と対話し、さらに、面接を続けた死刑囚の刑の執行にも立ち会うことがあるという。

耳慣れない「教誨」という言葉であるが、意味は「知らないものを教えさとすこと」を指す。石塚（二〇一八）によれば、教誨の語源はドイツ語のSeelsorge。Sorgeは『こころ』（英語soul）である。語義としては、心のある場所である『海に向かう（zu See）』という意味から発し、英語のsorrowに相当する。何かを達成または排除しようとして努力することである。したがって、教誨には、『こころ』の問題に『配慮』を及ぼし、その苦悩を排除するという意味がある。

教える、育成、救済といった言葉に表れているように、教誨というものは本来前向きなニュアンスを含んでいるようだ。受刑者を「知らない者」と捉え、知ることによってその有り様が変容する可能性のあるものと見なしている。それは、教誨そのものが、刑務期間を終え、社会へと復帰する受刑者を想定しての営みだからであろう。ここには、教誨を施すものと、受ける者との間に、方向性の一致が認められる。

しかし、本書の述べるところの教誨師は、死刑囚を相手にしているため、その様相は全くと言っていいほど異なってくる。教誨が本来目指す未来志向的な力に反して、死刑囚は死に向けて歩み続ける。死が持つ密度の濃い暗さや重低音は、教誨師から与えられる教えや言葉をことごとくその暗闇に飲み込んでしまうほどの壮絶さを備えている。ここでは、両者の方向性は一致していない。両者の間には簡単には埋めがたい溝があるのだ。ここに教誨師が抱える深い『矛盾』が横たわっていると言える。

堀川（二〇一八）は、こうした教誨師の仕事について、「シーシュポスの神話」というギリシャ神話を引用して次のように述べている。

「罪人に厳しい労働を課し、それが終わると、その労働の成果を台無しにするという苦役。例えば囚人に炎天下、穴を掘らせる。ある程度の深さに達すると看守がその目の前で穴を埋め戻す。そして再び囚人に穴を掘らせ、また埋め戻す。これを延々と繰り返すと、囚人は自殺に追い込まれるほどの精神状態に陥るという無情な話だ。人間はほんの一縷でも希望がなければ生きていけない。教誨師という仕事に果たして希望はあるのか。なければ、何を支えに歩み続けるのか」（堀川、二〇一六）

物語の主人公である、教誨師渡辺普相（ふそう）は、その葛藤ゆえに晩年心を病み、アルコール依存症に陥ってしまう。矛盾に引き裂かれる苦しみ、葛藤を抱え続けることの難しさを、普相は身をもってわれわれに知らしめているように思う。

こうした教誨師の葛藤の中に、私はどこか親しみのある匂いを感じ取った。思えばそれが、このテーマと課題図書を選んだ、今回の旅の出発点である。

死刑囚の教誨という特異な領域には、もちろん私はこれまで掠りもしたことがない。だが、それが他者の心と向き合う仕事である点、苦しみを共に味わう過程を歩む点、言葉を介して関わる点等、働きの内容にはなかなかに共通点が多い。そして、何より大きな葛藤と共に在るという一点が、私の置かれている現実と相通ずるのである。次節以降で、それぞれの持つ矛盾の世界に、深く足を踏み入れてみたい。

2　制度の孕む矛盾の狭間で

われわれは死刑のある国に生きている。刑法体系の極に死を持って償わせるという制度を認めている。一方、この国には、日本国憲法の三大原則である「基本的人権の尊重」及びその根底理念とも言える「個人の尊厳」といった価値基準が存在する。これは、国民誰もが人間らしく生きる権利であり、すべての個人が互いを人間として尊重する法原理のことである。

ここで死刑制度の是非について論ずるつもりはない。ただ、事実として、死刑制度と人権の尊重、この両者はどうしても真正面から対立する概念であろうと思う。前者は法の下に人権を奪うとも言える行為で、後者は守ろうとするものだからだ。

しかし、実際に死刑囚の身に起こることを見てみると、これもまた噛み切れない事実に突き当たる。罪を裁く司法の場では死刑という「罰としての死」が宣告されながら、刑を執行する行政の場では、教誨という「人間性に向き合う時間」が与えられるのだ。これは、一方では奪われた人権が、もう一方では与えられているような印象を禁じ得ない。この矛盾は、いったいどこから来るのであろうか。

それはすなわち、死刑囚に対しても、人権の尊重や個人の尊厳を適用しようとする試みなのかもしれない。また、その際「司法」と「行政」と、かろうじて場を分けて、相反する二つの概念のバランスを取っているとも言える。そして、その橋渡しとして両者の間に置かれているのが、教誨師という役割であるとも考えられる。となると、教誨師はまさに、こうした制度の溝に立たされていると言えるのではないだろうか。こう捉えてみると、教誨師の抱える葛藤には、制度が孕む矛盾がそのまま映し出されているように思えてならない。

死刑制度を巡っては果てのない議論がある。国家や国民が持てあまし、扱いきれていないその大きな葛藤が、数少ない人々の肩の上に重くのしかかっている。本来は、教誨師の抱える葛藤は、われわれ国民一人ひとりが向き合い、背負うべきものなのだと思う。

時を遡ると、旧約聖書の時代にも、死刑はあった。当時のやり方は、いろいろな意味で現在とは全く違う。執行方法は「石打ち」だ。死刑判決に加わった人から順に石を取り、目の前の相手に投げつけなくてはいけなかった。つまり、社会に属する一人ひとりが、自分たちが下した罰に対する責任と痛みを共有していたのである。

「悪」を憎む気持ちと、死刑制度という「必要悪」に自らの手を染める矛盾。それは、個人の内に大きな葛藤を生む。葛藤を回避する一番手っ取り早い方法は、その相反する概念を分けて捉えることである。日本の制度の現状が正にそれだ。こうした仕組みを取り入れることで、ある意味、社会に属するわれわれを、その痛みや苦しみから守っていると言える。

が、一方で、われわれは知らず知らずのうちに、相手について直に知ることもなく、相手の目を見たり声を直接聞くこともなく、その虚像に向けて遠くから石を投げることに慣れてしまってはいないだろうか。葛藤や痛みを引き受けずに、批判の声だけを上げることに違和感を持たなくなってしまってはいないだろうか。

3 児童虐待支援の現場で

これと似たような事態が、児童虐待支援の現場にも存在している。次はそちらを見ていこう。その前に、児童虐待とは何かということに簡単に触れておく。

児童虐待の概念は、米国の小児科医ケンプ（Kemp, 1962）によって、「batterd child syndrome」として指摘されたことに端を発し、その後 Child abuse と命名され、定着した。abuse とは、use（使う、扱う）に、ab（不適切な）という接頭語が付いた語で、「子どもの不適切な扱い」もしくは「誤った扱い」という意である。現在では、①身体的虐待、②性的虐待、③ネグレクト、④心理的虐待の四つに分類されている。

日本では、一九九〇年代にクローズアップされ、二〇〇〇年には「児童虐待の防止等に関する法律（虐待防止法）」が制定された。これによって、①児童虐待の禁止、②国及び自治体に対する児童虐待の早期発見及び子どもの保護の義務付け、③児童虐待を見つけた者への通告の義務付け、④虐待が疑われた時の立ち入り調査、⑤虐待を行った保護者に対する指導や親権喪失制度の適用などが定められた。

こうした背景により、虐待の相談件数は右肩上がりに上昇を続けている。痛ましい事件の報道も相まって、今では誰しもが知る概念となった。

虐待の報道がなされると、あちこちから聞こえてくる声がある。まず一番に、虐待者である親への非難の声だ。次に上がるのは、関係機関への批判である。「児相は何をしていた」「学校は把握していたのか」「救えた命だったのではないか」と。

こうした批判の声は、確かに多くのものを動かした。虐待防止法が制定された今では、通告を受けた支援機関には、被虐待児の四十八時間以内の安全確認および、虐待者への注意喚起が一様に義務付けられた。そして、介入や調査の結果、分離が必要と判断された場合には、児童相談所の職権による一時保護がなされるようになった。

こうした制度の変化が救った命も多々ある。それは紛れもない事実だ。ただし、子どもの命を守ることに主眼を置くあまり、虐待の概念そのものも、関係機関による対応方法も年々厳しさを増してきている。そして、そのことが、子どもや家族を追い込んでいると感じられるような事態が、現実にはしばしば生じてきている。

例えば、子どもが信頼を寄せる誰かに虐待について打ち明けたことをきっかけに、関係機関が介入に動き、家族関係にメスが入る。すると、子どもには少なからず「自分の発言が親を加害者にしてしまった」という罪悪感が生まれることがある。介入により家族の現実が大きく動く様を目の当たりにし、「話さなければよかった」と、その後、さらに口を堅く閉ざすようになることもある。また時には、家族の中に『訴えた者』『訴えられた者』という対立図式が入り込み、その後の家族関係に長く影を落とす場合がある。

家族の中に踏み込むということは、子どもの命を救うことには力を発揮するが、同時に家族の在り方を根底から揺るがすような『暴力』にもなりかねない――正に『諸刃の剣』なのである。そのことは、われわれ援助者が常に意識しておくべき重要な事柄であり、配慮を尽くすべきデリケートな課題である。

しかし、これはもはや関係機関だけの問題ではない。虐待する親や諸機関の対応に対する世間の厳しい目、通告への熱が、社会的な圧力となり、関係機関を激しく追い込んでいく。結果、虐待を「掘り起こす」「あぶり出す」という方向への動きが生じやすくなる。そして、その波がやがて、子育てをする家庭へと波及し、不備な子育てがないか検分されるかのような心情に、その心を陥らせ、かえって子育てを窮屈にしている事実がある。

例えばこうである。子を叱ることそのものに対して強い迷いや葛藤を感じるようになる人がいる。他者からの視線に過度に敏感になるがゆえに、ますます子どもの泣き声にイライラするようになる人がある。「善き親であろう」「善き親として他者の目に映ろう」と努めることが逆に、子育てからゆとりを奪い、余裕のない親の心をさらに追い詰めていくこともあるのだ。そうしたゆとりのなさが、結果的に子ども達へと向けられ、新たな虐待の芽を生み出すこともあるように思う。

このように、本来は、子どもや家族を守るために作られたはずの制度が、親を、ひいては子どもまでもを追い詰めていく、という皮肉なパラドックスがある。制度とはなんと難しいものか。それが元はどんなに思いを込めて作られたものであっても、相手が生きた人間である以上、機械のようにきれいにマニュアルにはまるわけではない。また、その言葉に世間の人々の感情が付加されて、徐々に独り歩きを始めてしまうことがある。制度を使う側、受け止める側の人間が、そこに含まれる矛盾をも正しく理解した上で、上手に使っていかなければ、それは本来目指された方向とは真逆の作用を生み出すことがあるのだ。

4　相反する役割を負うこと

再び本の世界へと視点を移そう。前節では、教誨師をとりまく制度に潜む矛盾について明らかにしてきた。これはいわば、教誨師のはたらきの外枠の部分を捉えたことに他ならない。次は、教誨師のはたらきそのものの中にある葛藤について、内側から迫ってみたい。

石塚（二〇一八）は教誨師の抱える葛藤について、「本来『生きていく』心を説くはずの教誨師が、『死んでいく』ことを手伝うことになる」と表現している。物語の主人公渡辺普相は、彼のよって立つ浄土真宗の教えを伴って、「死刑囚（の心）を救いたい」と意気込んで教誨の道へ入っていった。その言葉通り、駆け出しの頃の渡辺は「救う」

ということに全身全霊を傾けていく。まず、死刑囚の身分帳を読み込み、彼らの心情に徹底的に寄り添おうと試みた。例えば、文字の読み書きのできない者に、ひらがなの練習帳を買い与え、その練習に付き合った。それにより、彼の劣等感を和らげようとはたらきかけたのである。また、年末には、身体を温める靴下を一人ひとりに差し入れて、その心まで温めようとしていた。そして、何より力を注いだのは、仏教の教えを説いて、彼らの心を救おうとしたことだ。この「救い」について渡辺は次のように語っている。

「多くの人はね、救うというのは命を救うという解釈をなさいますがね、われわれの言っている救いっていうのは、阿弥陀様に抱かれていく救いということですから……。『先生死刑になっていきますけど、今度は人を救える人間になっていきますからね』と、そういうものにしていく。それをあえて救いということで表現していく。だから、一般社会でいうところの救いと、われわれのいうところの救いというのは全然違うんです」(堀川、二〇一八)

こう語っていた渡辺であるが、「いつ頃からか、教誨師という仕事に迷いを感じるようになっていった」と言う。

「教誨師になったころは、社会から見放された死刑囚たちを救いたいと一心に思った。その思いに偽りもない。しかし、いよいよ死刑執行の場に立ち会い、そして時間が経つにつれて、これから自分の手で殺さなくてはならないものを『救う』などと考えること自体、偽善ではないかと思うようになった」

というのである。

まさに、命の終わりを見送ることと、魂を救済するという二つの相反するはたらきに、その身も心も引き裂かれていった、と言えよう。心のバランスを崩し始めた渡辺は、いつしか『救い』に力を尽くすやり方から遠ざかっていくようになる。相反する役割の狭間にある自身の心を守るために、無意識にバランスをとろうとしたのではなかろうか。

渡辺は「命」と「魂」は別物であると頭ではしっかり理解していた。その上、信仰を持ち、伝導を一生の仕事とした僧侶であった。それでも、その心を内側から蝕まれてしまうほどに、彼が負った役割の矛盾は壮絶であったのだろう。

相反する役割は、虐待支援の現場にも課せられている。子ども家庭支援センターは、その名の通り子どもとそれを取りまく家庭を支援していくための機関である。しかし、同時に虐待の早期発見及び、再発防止という役割も負っているため、支援の過程で虐待が発覚した場合には、子どもの安全確認や虐待事実の詳細な調査、そして虐待に対する注意喚起――つまり、虐待の禁止やそれが子どもに与える悪影響について、親に向けて注意指導することが必要になる。

支援というのは、弱いもの、不安定なものを下支えするイメージが湧くだろう。それに対し、注意指導というのは、上から下への圧力が感じられる。また、法律や権威を後ろ盾に、正論を押し付けるイメージも拭えない。このように『支援』と『指導』は真っ向から対立する概念である。そして実際に、この矛盾を巡って、ケース対応が難しくなることは少なくない。

虐待する親というと、世間的には加害的に偏ったイメージが強いようだが（実際報道に至るようなケースにはそのようなものが多いが）、その実は、苦しみ、困り果てている人と感じられることが多い。例えば、その背景に貧困がある場合、親自身が今現在DV被害者である場合、過去に虐待を受けてきた人、何らかの病を抱えている人もある。また、子育てそのものに苦手さを感じ、対応に苦慮していることもあれば、子ども自身が発達障害など、育てにくさの要素を持っていることもあり、苦しみぬいた末に、そうした行為に及ぶほど追い詰められている人が多いように思う。

さらに、クライエントが虐待について打ち明ける時、それは並々ならぬ覚悟を以てなされているものであろう。相手との信頼関係が築かれ、「この人になら……」と思い、語りだすこともあるだろうし、藁にも縋る思いで、恥を忍んで……、表現に尽くせぬほど、さまざまな思いがそこにはあると想像される。

「虐待をしてはならない」「虐待から子どもを守らなくてはならない」のは、一点の曇りもない正論である。ただし、真っ黒でドロドロした泥の中を歩むような思いで、日々を精一杯生きている人から見たら、その正論はあまりにも真っ白で、ピカピカして神々しく、あまりにも現実感がなく、遠い存在ではないだろうか。非の打ち所のない正論の前には、有無を言わさずただ頭を垂れるしかない。まるで黄門様の印籠である。ただし、いくら印籠をかざされてハッとしたところで、心の中まですぐに晴れることは難しい。むしろ、さらにやるせなさが募り、憎しみや怒りが渦を巻くこともあるだろう。

こうした親に対して、注意指導するというのは、何とも心苦しいものである。そのクライエントに対して、その苦しみについて深く理解しているほど、面接内に『光り輝く正論』を割り込ませることがどうにも躊躇われる。身を切られるような思いを味わうことも度々ある。

ここで、一つの手段として、役割を分けるという考えがある。注意指導はケースワーカーが行い、心理士はあくまでも支援に徹するというやり方である。つまり、心理面接内で虐待が語られた際には、後からケースワーカーが場を分けて注意を行うことになる。しかしこれにも強い疑問を感じる。このやり方で守られるのは、果たしてクライエントであろうか。守られるのは、支援者側の心ではなかろうか。

そう考えると、この『支援』と『注意指導』は単純に切り離せばいいものではないと感じる。むしろそれは簡単に行ってはならないものだとすら思う。では、どのようにして、この相反する役割を負っていけばよいのだろうか。

Ⅲ 対立をつなぐもの

これまで、教誨師と心理士をとりまく矛盾について論じてきた。相反するものは単純に分ければよいものではなく、むしろその溝をつないでいく必要性が見えてきた。そこで、本節では、対立する概念や役割を繋ぐものについて探る。課題図書『教誨師』その他の文献や自身の心の中からそのヒントを拾い集めていきたい。

1　宗教の役割

日本人ほど宗教に無頓着な人種はいない、とはよく言われるところである。ＩＳＳＰ国際比較調査（二〇一九）によると、日本で宗教を信仰している人の割合は三九％だそうだ。これは、世界の宗教人口八三・一％と比較すると、かなり差が大きいことがわかる。ではなぜ、その日本において、教誨には宗教というものが介在するのであろうか。

教誨における宗教には、囚人たちの特性教育、つまり宗教の「こころ」を丁寧に教え諭すという役割がある。『教誨師』の作中でも、浄土真宗のさまざまな教えが登場し、時に死刑囚の心に響き、時に教誨師側の心を支えていた。中でも印象的だったのは、歎異抄に記される「悪人正機説」だ。

「善人なおもて往生を遂ぐ、いわんや悪人をや。しかるを世の人つねに曰く、『悪人なお往生す、いかにいわんや善人をや』この条、いったんそのいわれあるに似たれども、本願他力の意趣に背けり」（『歎異抄』）

これを現代語に訳すとこうなる。

「善人でさえ救われる、まして悪人はなおさらである。だが世の人は常に言う。『悪人でさえ往生できるのだから、ましてや善人はなおさらだ』この考えは一見もっともらしく思えるが、阿弥陀仏の本願の趣旨に反するのである」

これは、われわれの生きる社会の常識とは正反対の考えであると言えよう。われわれの社会では、善が認められ、悪は罰せられる。それらを区別し、裁くための法律も存在する。それに対し、宗教は、その常識に逆説を唱えたり、その対立に橋をかける力と言葉が備わっているのである。

つまり、社会の常識では救いがたい人、救いの網の目から零れ落ちてしまう人にも手を差し伸べ、温かなまなざしを持つのが宗教の「こころ」なのであろう。

さらに宗教は、「肉体的死」「生物学的死」を超えた世界とのつながりを持っている。死後の世界、あの世、生まれ変わり、輪廻転生など、表現にこそ宗教による違いはあれど、死の先に広がる世界に親和性があることには変わりがない。言い換えれば、「生」と「死」という大きな溝を繋ぐ可能性がここにはある。

こう考えると「死」の先にも「救い」を見出せる宗教だからこそ、生と死という大きな矛盾にさらされる死刑囚に相対することができるとも言える。そこでは、死を含んだ生について、あるいは死を超えた人生について語ることが可能だからだ。

また、このことは死刑囚のみならず、教誨師の側にも守りをもたらす。生死を超えた境地から人間の存在をとらえる視点は、死刑囚に相対する教誨師の心を守る鎧となり、執行に立ち会う彼らを内側から支えうるのである。

人知を超えた大きな危機に瀕した時、宗教はそれらを包み込む働きをする。どれだけ科学が発展しても、世界中の人々が信仰を必要とする理由は、こんなところから来るのかもしれない。思えば、日常生活で宗教性を重んじることのないわれわれ日本人が、宗教を頼りとするのは、人の生き死にに関わる時、また何らかの危機に瀕した時ではないだろうか。

先に紹介したＩＳＳＰ国際比較調査に興味深いデータがある。日本の宗教人口が三九％であるのに対し、「自分が何か非常に困った問題にぶつかった時、神や仏に祈ったことはあるか」という質問では、「祈ったことがある」という人が六三％を占めて、「祈ったことがない」の三七％を大きく上回ったのである。〝苦しい時の神頼み〟のことわざの如く、日本人には、自分が窮地に陥った時には思わず手を合わせる習慣があるようだ。それは、宗教が、「生と死」「善と悪」など、われわれが太刀打ちできない大きな対立を繋ぎうる力を持っていることと関わるのかもしれない。だからこそ、科学では救い得ない苦しみや人間の心だけでは抱えきれない葛藤に出逢った時、人はそれを包み込みうる宗教に手を伸ばしたくなるのだろう。

誤解のないよう添えておくが、私はここで、宗教が特効薬であるといったことを主張したいわけでは決してない。ただ、われわれが通常の常識の範疇で行き詰まった場合、その常識の枠組みを少し外したり、ずらしたりする発想が必要なのではないか、ということについて考えたかった。宗教はあくまでも、その一つの例である。

私たちは、既存の考えや慣れ親しんだ常識、科学的根拠のある理論などに、無意識に縛られがちである。必要に応じて、それらから自由になり、宗教が持つような別の視点をも大切にし、両者の間を行き来できる心のしなやかさを持っていたい。

2 臨床の本質──他者に添う

臨床心理士の「臨床」という語にも、矛盾を繋ぐヒントが秘められている。臨床の語源は、人が横たわる寝台やベッドを意味するギリシャ語「Klinikos」に由来し、「（死の）床に臨む」「死にゆく人の傍らにいる」という意味を持つ。そこから派生してできた、臨床〇〇という語が意味するところは、「現場に密着する」「現場にある」「存在する」等であると言われる。

存在するとは、すなわち「Being」であり、「Doing」とは対の語として使われる。心理療法で用いられる箱庭にしても、描画やプレイセラピーにしても、クライエント一人でその行為をすれば（= doing）よいのではなく、そこにセラピストという見守り受け止める存在が在る（=being）ことが大きな意味を持ってくる。これは、Being の持つ力に他ならない。

中村雄二郎（一九九二）は、〈臨床の知〉を近代的な〈科学の知〉と対比して次のように述べている。

「科学の知は、抽象的な普遍性によって、分析的に因果律に従う現実にかかわり、それを操作的に対象化するが、それに対して、臨床の知は、個々の場合や場所を重視して深層の現実にかかわり、世界や他者がわれわれに示す隠された意味を相互行為のうちに読み取り、捉える働きをする。言葉を換えていえば、科学の知が冷ややかなまなざしの知、視覚独走の知であるのに対して、臨床の知は、諸感覚の協働に基づく共通感覚的な知である」

これをさらに河合（二〇一〇）は、「世界を自分から切り離して観察し研究する『近代科学による知』に対して、人間はどうしても自分との関連において、あるいは、自分をも入れ込んだものとして世界をいかに見るかということが必要である。後者が『臨床の知』に関わってくる」と説明している。

ここから、臨床とは、単に相手のそばに寄り添っているという意味に留まらず、相手を唯一の個と捉えて、自身との関係性の中で見ていくという視点が欠かせないとわかる。

話は少し飛躍するが、「(死の）床に臨む」という語から、マザー・テレサが連想された。マザー・テレサは、インドの〝死を待つ人の家〟で、貧しい人々のために尽くした人物である。彼女は、路上に倒れ、死の寸前にある人々の体を洗い清め、ベッドに横たえ、その死を見送るという活動を生涯続けた。

こうした営みは、近代的〈科学の知〉から見れば、ほぼ意味のない行為である。行き倒れた人は、路上であろうが〝死を待つ人の家〟であろうが、まもなく死にゆくことには変わりがないからである。しかし、〈臨床の知〉から言うと、これは全く異なる。同じ「死」であっても、路上に打ち捨てられた死と、誰かに見送られた死は、その個人にとっては全く異なった体験となるからである。マザーは、死者を見送る働きについて、「せめて死の瞬間だけでも人間らしくさせてあげたい」「人間として最も悲しむべきことは、病気でも貧乏でもない、自分はこの世に不要な人間なのだと思い込むことだ」と語る。

この言葉は、死刑囚を見送る教誨師にも同様のことが言えるのではなかろうか。たとえ死んでいく現実を変えられなくとも、見送ることそのものに意味があるのであれば……。

大きな矛盾にさらされた時、それを解決しよう（doing）とすると無理があることがある。そうした時、解決できないままの葛藤を抱え続け、何か糸口が見つかるまで相手と共に在り続けること（being）そのものに意味があることを、「臨床」という語はわれわれに伝えているのではないだろうか。

3 自分の物語を紡ぐ

矛盾を包み込むもう一つの器は「物語」である。

われわれはそれぞれに固有の物語を生きている。それは、普段は特段意識されることがないが、人生の節目においては、それまでの出来事や自身の生き方を振り返ることがある。その時に想起されるのが「自己物語」である。それは、個人をその個人ならしめる大切なものであるが、生きるのにつらさを覚えている人の場合には、往々にしてこの「自己物語」がその人の人生を縛ってしまっている。

例えば、「自分はダメな人間である」という物語に捉われてしまっている人は、どんな体験をしたとしても、それを「ダメな自分のせい」とネガティブに受け取ってしまいがちとなるのだ。このように、自己物語は、「自己物語に合致するように」という形で、過去の想起や認識の在り方を取り込んでいくため、それは結果的に、現在の体験の認識、振る舞い、人間関係の在り方まで規定してしまうことがある。

こうした歪んだ自己物語を変容させる心理学的手法にナラティブアプローチがある。ナラティブアプローチでは、その人が捉われている「自己物語」から解放し、物語の再構築を行うことを助けるという過程を辿る。つまり、それまで支配的だった「自己物語」とは何かしら異なる形で自己を語れるように援助するのである。


大きな葛藤を抱えた場合には、それを自分の物語に組み込めなくなることが多い。例えば、つらい虐待体験などは、自分に起きたこととして受け入れがたいため、自己物語に組み込めず、無意識にフタをされる場合がある。こうしてフタをされた物語は、日常生活で意識されることはなくなるが、時に無意識下からその人の感情を揺さぶり、生活にまで影響してくることがある。これは、自己物語に組み込まれなかった事象や感情が不適応を生み出す例の一つである。


死刑囚の場合で言えば、つらい生い立ちには被害者性があり、犯した罪に関しては加害者性を抱えていることになる。両者は相反するものであり、なおかつそれぞれ強い感情を伴うものであるので、共存し難い。そのため、自己物語にどちらもうまく組み込めないという事態が生じる。前者に偏ると、被害妄想的に陥りがちとなるし、後者に偏ると「自分なんか生きる価値がない」と自棄になりがちとなる。これらの心情はどちらも大きな不適応を生み出す。

こうした矛盾は、一人ではどうにも克服しがたいものである。しかし、信頼できる他者との協働作業で、一つの物語として紡がれることがある。心理療法では、こうした事例に出逢うことが少なからずある。

堀川（二〇一七）による著作『永山則夫』の中に、その手本ともいえる見事な例がある。死刑囚永山則夫（昭和四十三年に起きた連続殺人事件、いわゆる永山事件の犯人である、犯行時十九歳の少年）の精神鑑定を行った石川義博医師は、精神分析の手法を用いて、永山の語りに耳を傾け寄り添い続けた。そして、百時間を超える対話を通じて、永山が自分の物語を紡ぐことを支えたのである。永山は、筆舌に尽くしがたいほどの極貧と壮絶な虐待という被害者性と、四人の人間を射殺するという加害者性を、どちらも抱えていた。逮捕拘留された当初は、そのどちらも自分の心の内におさめることができずにおり、心はバラバラに乖離した状態であった。しかし、石川医師を相手に長い時間をかけて語るうちに、それらを徐々に自身のこととして受け止めていき、最後には一つの物語に収めることができた。そして、その後、彼は刑務所内で自叙伝その他の書籍を執筆することとなり、獄中結婚まで実現させていく。

こうした彼の変容は、つらい過去と決別したということによって起きたのではなく、逆に、過去を組み入れた自分を受け入れたことで、現在や未来を生きることができるようになったと言えるだろう。ここに、自己物語の全体性を取り戻した永山の新しい姿を見ることができる。

これが、矛盾を包みうる「物語」の力である。こうした過程は、ナラティブアプローチといった特別な手法を使わずとも、心理療法の場では十分に起こりうる。そして、この際、鍵となるのは、「物語」という視点を意識することと、「語り」を受け止める聞き手の有り様であると言える。

4　祈り

私の敬愛する恩師から譲り受け、大切にしている言葉がある。

「子どもは本来素晴らしいものだ。焦ってはならない、構えてはならない。待つことだ。耐えることだ。祈ることだ」

師は、その生涯を知的障害児の教育に捧げた人であったので、この言葉の向かう先は、障害児であり、彼らを見守る保護者や教員などであったのだろう。

これはすなわち、子どもが成長する、もしくは変化する力を信頼して、焦らず、構えず、待つことの大切さを説いている。待つという言葉の後に、「耐える」とあるのは、答えがすぐに明確に出ない状況で待ち続けることが、いかに忍耐を必要とし、苦しいかに対する、師の深い理解と、温かなまなざしが感じられる。

子どもの成長とは、千差万別で、一様に右肩上がりにとはいかない。ハンディキャップを持った子どもであればなおさらであろう。場合によっては、歩くことが叶うようになるのかすら、言葉を発する日がやってくるのかすら定かでないこともある。

そのような曖昧な状況、宙ぶらりんの心境で、信じて待つことは、並大抵のことではない。人間はともすれば、それに耐えきれず、すっぱり諦めたり、逆に闇雲に突っ走ったりというはっきりした答えに飛びつきがちである。しかし、それでも「耐えることだ」との力強い言葉が改めてここで響いてくる。

最後に、「祈ること」とあるのは、われわれ人間の小ささをよく知った上でのフレーズだ。ここでは、もし耐えきれない時、信じきれない時には、自分を超えた存在に身を委ねて祈りなさい、と言っているのだ。

師は敬虔なクリスチャンであったため、「祈る」という言葉が普段の習慣から率直に出てきたのであろうと思う。私自身も、キリスト教教育の中で育ち、小さい頃から祈るということに親しんできた。しかし、私の場合、祈る先に何か対象があるのかと問われると、正直なところあまり判然としない。それは、私の不信心によるところなのかもしれないが、しかし、もしかすると、「祈る」という営みに共通した普遍的な在り方なのかもしれないとも感じる。これについて、もう少し深く考えてみる。

私が祈るとき、宗教的色合いはあまり強くない。それは、何かについて切に願う、もしくは、深く思いを寄せる行為である。また、思いを言葉にして、胸に刻み込むことである。そして、そのことにより、迷う心を繋ぎ留めたり、守ったり、内側から支えているのではないかと思われる。つまり、「祈り」という行為を以て、置かれた事態に耐え続ける力を得ているのだ。

先の師の言葉に、私は勝手ながら少し変化を加えて、人と向き合う時に、いつも心の中心に据えている。

「人間は本来可能性のある存在だ。焦ってはならない。構えてはならない。待つことだ。耐えることだ。祈ることだ」

ここで言う可能性とは、例えば、躊躇っていた一歩を踏み出せるようになる可能性、壊れかけた誰かとの関係を繋ぎ直せるようになる可能性、被害的な妄想から自由になれる可能性、涙を流せるようになる可能性、笑顔を取り戻せる可能性……など、それぞれの個人に特有のものである。

私たちがどれだけ知恵を絞っても、心を砕いても、変えようのない現実が立ちはだかることがある。そのような時、われわれ心理士も、究極のところ、その相手の可能性を信じて祈る存在だと思うのだ。これは一見すると、酷く無責任のように聞こえるかもしれない。だが、援助者が一方的に相手に何かを与えられる、あるいは変容させられると思うことの方が、ある意味でずっと傲慢ではないかと感じる。あまりに大きな葛藤や矛盾の前では、誰もが無力である。自分の小ささを認めた上で、いったい何ができるかと問う時、先の言葉がいつも心に浮かぶ。

最後に、世界的に有名なニーバーの祈りを引用して、この項を終えたいと思う。

「神よ、変えることのできるものについて、それを変えるだけの勇気をわれらに与えたまえ。変えることのできないものについては、それを受け入れるだけの冷静さを与えたまえ。そして、変えることのできるものと、変えることのできないものとを、識別する知恵を与えたまえ」

「祈り」には現実を突き動かす力はないかもしれない。けれど、つらい事態に耐え、可能性が開くことを支える、一つの力にはなりうるのではないかと考える。

Ⅳ　矛盾を抱えて生きる

「矛盾」を巡る心の旅もそろそろ終着点が見えてきた。前節では、対立を繋ぎうるものについて例を挙げた。ただし、これはあくまでもヒントであって、矛盾や葛藤を解消したり解決に導くようなものではない。ヒントを拾っていく中で、むしろ矛盾や葛藤はそのまま抱えていくことこそ肝要であるということも、おぼろげながら示唆されてきた。

そこで、本節では最後に、「矛盾を抱えて生きる」とはどのようなことであるのか、そのためにわれわれが為し得ることは何であるのかを探ってみたい。

1　分けることと分けないこと

「わかる」という言葉の語源は、「分ける」ことだと言われる。

「わかる」ことが「分ける」ことだとすると、逆に「わからない」状態とは、分けられていない、混沌とした状態と言える。こうした「分け」の「わからない」状態に置かれると、われわれは不安に陥る。そうした時、われわれは、自分の持っている知識や経験の枠組みと照らし合わせて、その事象を捉えようとする。そして、その枠組みに分類していくことで、ようやくある程度納得したり安心したりできるようになるのである。「わかること」は、視界をクリアにし、見通しをよくして、不安を低減してくれるからである。つまり、われわれは「わかる」ために、「分け」の「わからない」状態を「分ける」ことから始めている、と言える。

一方で、「分けること」が生む難しさもまたある。

善か悪か、正か邪か、普通か異常か、敵か味方か……われわれの世界はこうした二分割の概念にあふれている。そして、われわれはあらゆる事象や人をこうした対極のカテゴリーへ入れ込もうとする習性がある。これが、いわゆる「二者択一的思考」だ。二者択一的思考では、選択肢となる二つの概念は、対立概念として認識されやすく、自分の所属するカテゴリーではないもう一方に所属するものは、批判の対象となりやすい。

昨今のコロナ状況下では、こうした話題が後を絶たないように思う。例えば、ワクチン賛成派・反対派、オリンピック推進派・反対派……等。こうした場面では、自分の所属する側の意見の正当性を主張するために、もう一方の粗探しをして非難する。そんなことが日々テーマを変えて繰り返されているように感じられる。こうした論争も、元を辿ってみれば、その源流は恐らく同じ『不安』から来るのではないだろうか。「この状況はいつまで続くのか」といった苛立ちや不安。それを、ワクチンやオリンピックという切り口で見た時にどういった様相になるかということが映し出されているに過ぎないのではないか。

人の心は簡単に切り分けられるようなものではなく、例えば先の例でも個人の心の内は「賛成七割、反対三割」くらいの気持ちの時もあろう。その割合比にしても、その場その場で揺れ動く仮初めの数字に過ぎないのではなかろうか。しかし、それがまるで確固たる意見であるかのように人々の間でやり取りされるのは何故なのだろう。もう少し考えてみよう。

大きな不安や矛盾を抱えた状態では誰しも、自分の選択に確信を持てないものである。これでよかったのか、このままでよいのか……と気持ちを揺らしながら生きるのはなかなかにしんどい。そこで人は、「賛成派」「反対派」というカテゴリーに自分をあてはめ、対極を批判したり否定したりすることで、自分の立ち位置をより「安定したもの」と思い込もうとするのではないだろうか。しかし、賛成反対の論議に夢中になるうちに、元々の不安はそのまま置き去りにされている。このように、二者択一的思考は、時に対立を強めるものの、本質的な解決に対しては、足踏みを続けてしまうことがあるように思う。

「分けること」が生むもう一つの思考は、因果論的思考である。何らかの事象が起きた際に、それを何らかの「刺激」の「結果」生じたものと考え、その「原因」を探るといった思考である。こうした思考は、特にネガティブな事象（トラブルや事件など）が生じた際により顕著になるようだ。いわゆる犯人捜しが、これである。

われわれ心理士の元にも、こうした話題はしばしば舞い込む。「不登校の原因」「非行の原因」「家庭内暴力の原因」「夜泣きの原因」等々。原因がわかったところで、たとえ現実が変わらなかったとしても、人は往々にして、その原因を知りたがるものだ。その理由は、先に述べたように、われわれは「わからないこと」が不安な生き物であるからに他ならない。

しかし、行き過ぎた犯人捜しは、無用な緊張状態や対立を生みがちだ。例えば、本人も判然としないような不登校の理由を、周囲の人が学校側の対応に見出し追及するとしよう。すると、学校と家庭が次第に対立していくその間、子どもの側の「わけがわからないけれど、何故か登校できない」という元々の気持ちは、そのまま置き去りとなってしまう。

虐待のケースにも同様の例がある。虐待をする親自身が、幼い頃同じような虐待をされており、適切な養育を受けていないことは多くある。こうなると、それまで加害者として捉えられていた親も、被害者として認識されるようになる。では、その上の世代が真の加害者かと言えば、上の世代もまた同じように、あるいはそれ以上に苦しみを生き抜いてきた人生ということが往々にしてある。いわゆる虐待の連鎖というものだ。こうしたケースでは、原因をどこまで遡ってみても行きつくところはなく、「今ここ」の救いには辿り着かない。

このような時には、はっきりしない「原因」や「犯人」の方はひとまず横に置いておいて、まずはそのクライエントのできそうなことを見つけて、「今ここ」で、ひとつひとつ取り組んでみるといった方が有効な場合もある。先に上げた不登校の例などでは、本人ができそうなことに学校と家庭が協力して取り組むうちに、元あった両者の溝が埋まり、新しいサポートの芽が芽吹く場合すらある。

もちろん、すべてがこのような同じ筋書きで進まないことは言うまでもないが、いわゆる「犯人探し」が功を奏さず、逆にそれを脇に置いておいた方がうまくゆくケースもあるということである。

このように、「分けること」が生む、二者択一的思考や因果論的思考は、時に対立の素地を作り上げ、われわれを無意識に他者批判へと駆り立てることもある。こうした場合には、「分ける」ことに縛られていることを自覚し、そこから自由になる発想も必要なのではないだろうか。

2　自分の心を見つめる

前節で例に挙げた「悪人正機説」をもう一度取り上げたい。

「善人なおもて往生を遂ぐ、いわんや悪人をや」（『歎異抄』）

この教えの根底には、浄土真宗における悪意、善意の考え方が深く関わっている。浄土真宗では、善意とは「知らないこと」、悪意とは「知っていること」を意味するそうだ。親鸞は、悪人とはすべての人間の本質であると言い、逆に善人とは、自らの善を誇って欺瞞や邪見に気が付かない人のことだと戒めている。

これはつまり、すべての人間には「悪」の可能性が潜んでいるということを意味している。そのことについて身を以て知っているのが悪人、未だに知らずにいるのが善人ということだ。ここでは、個人間に「善人」「悪人」の線引きをするのではなく、個人内に「善人」をも「悪人」をも認める思想がある。

これに対し、われわれの生きる世界では「善人」「悪人」は外側から区別される。その判断基準が法律であり、法に触れる者が「悪人」触れない者はあくまでも「善人」に分類される。しかし、果たしてそれは善悪の本質を捉えているのだろうか。

教誨師（二〇一八）の中に印象的な一文がある。

「軽率な言葉の刃物で相手の心をずぶりと貫き、治らぬ傷を刻みつけ、その人生までも狂わせてしまう者を罰する法律は見当たらない。見えない傷は人間の法律では裁けない。何より言葉を吐いた側の多くは、自分がそんな大変な事態を招いていることになど気づいてもいない」（堀川、二〇一八）

聖書にも同じテーマの一節がある。

「汝らの中、罪なき者、まず石を投げうて」（『ヨハネによる福音書』八章一〜十一節）

これは、イエスキリストを試すため、律法学者たちが投げかけた問いに対し、イエスが返した言葉として有名である。律法学者たちは、罪を犯した女をイエスのもとに連れてきて、次のように詰め寄った。「こういう女は石で打ち殺せとモーセは命じています。ところで、あなたはどうお考えになりますか？」それに対して、イエスは「あなたたちの中で罪を犯したことのない者が、まず、この女に石を投げなさい」と返したのである。すると、年長者から順に一人また一人とその場から立ち去って行き、結局のところ、女に石を投げる者は誰もいなかった、という物語である。

これは、この世には、罪を犯したことのない者、心の中にやましいことのない者は一人もなく、自分の正しさを根拠に人を裁く権利や資格を持つものは、誰もいないのではないかという問いを、われわれに突き付けているように感じられる。

本来、誰しも心の中に、罪や悪の部分あるいはその可能性を持っている。しかし、自分の中にあるネガティブなものから目を逸らし、見つめようとしないでいると、無意識にそうした悪の部分と距離を取ろうとする心の動きが生じてくる。距離の取り方はさまざまだが、その一つに、自分の内側にあるネガティブな部分を他者の中に投げ込んで帰属させるという方法がある。これは、心理学用語では「投影」と呼ばれる防衛機制の一つである。

例えば、虐待する親に対して批判の声を上げる時、こうした心の動きがわれわれの中に生じてはいないだろうか。自分は「善き親」であると信じたいがゆえに、他者の子育ての粗を探し、批判しようとする気持ちが動いていないだろうか。子どもを叱りつけたり、他者を傷つけるのは、他の誰かがしていることで、自分とは関わり合いのないことだと思い込もうとしてはいないだろうか。

子育てはもちろん、本来誰にとっても幸せな営みであってほしい。また、虐待という悲しい行為も、どうかなくなってほしいと切実に願ってやまない。きっと多くの人が同じ思いを共有しているだろうと思う。

しかし、悲しいことに人間とは愚かで弱い生き物なのである。長い歴史を振り返ってみても、その時代時代で相手や場面を変えながら、こうした行為は繰り返されてきた。

さらに、子育てとは人間を一人育てるという大変な仕事である。どんなにかわいい我が子でも、溜息をつきたくなる瞬間や、上手くいかずに泣きたくなるような出来事に、誰もが一度は出会うのではないだろうか。そして、自分はダメな親なのではないかと自責的になることもあるだろう。

子育てという答えのない営みの前では、誰もが不安や自信のなさと隣り合わせだといえる。そしてここには虐待に転じかねない小さな可能性の芽が眠っている。親が置かれた状況や育った環境によっては、子育ての喜びよりも苦しみが勝り、それによって精神が追い込まれたり、偏った価値判断に走ってしまうこともあり得る。

それでも、私たちが実際に虐待という方向に転ばずに済んでいるとすれば、それは何故だろうか。教誨師

（二〇一八）から一文を引用したい。

「人生の決定的な瞬間に、自分の内にある善と悪、柔と剛、どちらが、どのくらい、どう出るか、そして塀の中に落ちるか外に留まるかは、本当に僅かな運、不運の差だ。暴走を止めることができるのは、愛された記憶、そして愛する者の存在でしかない」

今の世の中は、あらゆる場面で自己責任論が強調されがちだ。個人の努力や選択が、人生を左右するのは否定のしようのない事実だが、その努力を支える環境や相手があるかどうか、また与えられた選択肢の数は決して平等ではない。つまり、私たちが目に見える罪を犯さずに済んでいるのは、見えない誰かの支えや不平等に与えられた運によるところが大きいのではないだろうか。

そう考えていくと、虐待を含め、世の中で起きているネガティブな事象はどれもわれわれと決して遠い距離にある出来事ではない。ネガティブな事象を自分と切り離して遠くへ押しやり、対岸の火事として捉えるのではなく、自分の心の中にもその可能性の芽を見つける率直な目が、今こそ必要なのではないだろうか。そして、そのためには「善か悪かどちらか」という思考ではなく、「善も悪もどちらも」備えている自分自身の心を見つめることが求められる。他者の過ちの中に自分自身のそれを見つけて重ね合わせたり、自分の善い行いの中に、他者の支えを見つけたり……。

こうして、私たち一人ひとりが矛盾をその心の内に抱えられるようになることで、それがやがて他者理解へとつながり、対立に偏りがちな今の世界を少しでも変化させる力になるのではないかと考える。

3　対立を内包したはたらき

第一節で、虐待支援における相反する役割をどのように負うのかという問いをそのままに残してきた。そこで最後に、これまで述べてきた「矛盾を抱える」ということを軸に、この問いに向き合ってみたい。

ここでの矛盾は、「支援」と「注意指導」の二つであった。これらは、方向性にしても、行為の色合いにしても見事に正反対の性質を持つものである。それゆえ、「支援」の場に対極とも言える「注意指導」を割り込ませることはとても難しい。けれども、この難しさは元を辿れば、クライエント由来のものとも言える。虐待者である親は、「支援」の対象としての被害者性もしくは弱い部分と、「注意指導」の対象となる加害者性をどちらも備えているからである。すなわち、心理士側が感じる矛盾は、そのままクライエント自身の矛盾なのである。

このように考えていくと、クライエントの抱える矛盾を切り分けて、別々の人物や機関が担当することはやはり本質的ではないと思う。「支援か注意か」のどちらかでは、不十分で、クライエントの抱える矛盾をそのまま理解、支援したことにならないからである。援助者は、感じる葛藤に引き裂かれながらも、それをまるごと抱えてこそ、本当の意味で相手に向き合っているといえるのではないだろうか。

矛盾とよく似た概念に、「二律背反」という言葉がある。矛盾が、二つの物事の辻褄が合わないことを指すのに対して、二律背反は、正反対の意味の二つの命題がどちらも正しいことを指す。

河合（二〇〇三）は、「二律背反的現象は、きめ細かく、的確にその現象を把握し、その由縁を追及してゆくことによって、それらをむしろ相補的な役割を持つものとして見てゆくことが可能になる。それを行わず表層的な理解にとどまるときは、それらは常に相反するものとして、対処するのに困難なことになる。そのために片方のみを重視するようなことになり、相補的に働くはずのものが破壊的に働くことになってしまう」と述べている。

虐待支援においても、突き詰めてゆくと、深いクライエント理解と相手との信頼関係に支えられれば、支援と注意両者の両立は可能になるのではないだろうか。すなわち、それは、〝対立をも内包する相補的なはたらきかけ〟ということである。例えば、注意をもクライエントの心に支援の音色を以て響かせること。注意の言葉すら、支援の言葉として相手の心に収まるような言葉掛けや向き合い方ができるのではないか、と。

ただし、それを実現するのは並大抵のことではない。クライエントを含んだ家族やサポート状況に対する的確な見立てのみならず、「支援」「注意」といった行為や概念に関する根本からの理解、そして、見立てに従ってそれらの配分を考え抜く力、それらをクライエントの心に届く「生きた言葉」で伝える絶え間ない努力が必要であろうと思う。

『風の谷のナウシカ』（一九八三）の中に、次のような台詞がある。

「あんたは火を使う。そりゃあわしらもちょびっとは使うがの。多すぎる火は何も生みやせん。火は森を一日で灰にする。水と風は一〇〇年かけて森を育てるんじゃ。わしらは水と風の方がええ」（宮崎、一九八三）

これは、大切に育んできた森を〝腐海の毒〟から守るために、やむを得ず、その一部を火で焼いた後に老人が零した言葉である。森を育てるのは水と風であるが、その森を守るため、時には、森の脅威となりかねない火を使うことも必要だという話だ。

虐待支援に置き換えるとするならば、火は「注意」や職権による「一時保護」、水と風は家族への心理面接などによる「支援」と考えることができようか。心理面接には、百年とは言わないまでも、やはり時間がかかる。行きつ戻りつの過程を辿ることもあり、もどかしい。そして、虐待対応には、そうした支援だけでは足らない事態がしばしば生じる。待ったなしの判断が求められる瞬間も確実に存在する。そんな折、「ちょびっとの火」を必要とする時もある。

ただし、先の言葉にもあるように、多すぎる火は破壊につながる。火を使うからには、火の効用も危険性もよくよく知っておかねばならない。そして、使うタイミングや量、添える言葉、アフターフォローなどについて、考え抜き、工夫の手を抜かずに調整し続けなければいけないと私は考える。

〝二律背反を相補的にはたらかせるような支援〟。それを可能にするためには、対応をマニュアル化、自動化しないこと、矛盾したものを切り分けて捉えないこと、目の前にいる生きた相手に合わせて対応をどこまでも細やかに変えられることが求められよう。そして、矛盾を抱える力、曖昧さに耐える能力こそ、上記のようなはたらきかけを可能にする一つの道筋と考える。

4 むすびに——問い続けること

虐待支援も、心理士という仕事そのものも、常に迷いや矛盾と隣り合わせである。これまで数えきれないほどの人の人生に立ち会い、そのどれもから多くを学ばせていただいてきたが、それでもまだ、自分の無力さに肩を落とす日は巡ってくる。でも、だからこそ、これからも謙虚に他者から学び、同時に自分の心を率直に見つめていくことが、私には必要なのだと感じる。そしておそらく、問い続ける私の心の旅は、人生の終わりまで続いていくのだろう。

矛盾を抱え続けるには、懐の深さや心の奥行き、タフネスが必要である。それらを得るためには、われわれは心を鍛えなければならない。そして、心を鍛えるには、自分の心をしっかりはたらかせて、物事を考える積み重ねが不可欠だ。

「あらゆる事象を外側から分析するのみではなく、自分の内側を通して理解しようとする」これは、まさに私が臨床哲学の場で教えられたことである。

世の中には、マニュアル本も、先人の知恵が詰まった良書も多くある。それはそれで、大変貴重なものだ。しかし、それを読んだだけでは、知識は増えても、心の力は高まらない。本の内容を一度自分の心に沁み込ませて、自分事として問うプロセスを経てこそ、そうした力は得られるのだろう。

われわれは今、情報にあふれる時代に生きている。スマートフォンを片手に、あらゆる問いの答えが簡単に手に入る。しかし、問いは、答えを得ることそのものよりも、問い続け、自ら答えに辿り着くその過程が大切なのだと感じる。目的地へ一直線ではなく、寄り道や迷い道の中で出会い学んだものこそ、自分の血肉になるということを、私はこれまでの人生の中で繰り返し思い知らされてきた。

こうした過程を支えるものの一つが、私にとっては、この臨床哲学の場であった。自分が常日頃から考え続けている事柄について、課題本という一つの材料を手掛かりに問い直す機会が与えられる。それまで明確な輪郭を持たずに、曖昧な形で心に漂っていた自分の考えを「言葉」にするというプロセスを経る。この時点で相当に心ははたらかされる。

そして、自分の差し出した考えについて、会の場からフィードバックを受けることで、よりその考えの輪郭がはっきりとしてくる。会の場で交わされる言葉は、各人の人生や経験に裏打ちされた「生きた言葉」であるため、ダイレクトに心に響いてくる力がある。その力に触発されるように、自分自身の心がまた動き始める……。このようにして、私の心は力を蓄え、少しずつその幅を広げられつつある。

心理士として働きながら、母親として生き、また考える場を与えられて……、さまざまな場所で私の心は違った研鑽を積んでいるようだ。

心を鍛えることとは、何にも打ち勝つ「屈強さ」を得るためではない。むしろ、答えを出せない自分の無力さに向き合い、空っぽに思える自分の弱い心を見つめることを恐れない、そういった意味でのしなやかな強さが目指されるのだと思う。

矛盾と不確かさに満ちた世界で、われわれは戸惑い、対立の道を進みがちである。「考える」というシンプルな営みを通じて、われわれが心の幅を広げ、さまざまな矛盾を抱えるに足る力を備えることで、この世界が対立の道から、寛容と共感の道へと少しでもその歩みを進められることを祈り、稿の結びにかえたいと思う。

〔参考文献〕

帚木蓬生（二〇一七）『ネガティブケイパビリティ―答えの出ない事態に耐える力』朝日新聞出版
堀川惠子（二〇一七）『永山則夫―封印された鑑定記録』講談社文庫
堀川惠子（二〇一八）『教誨師』講談社文庫
石塚伸一（二〇一八）『教誨師―その知られざる職業』龍谷大学広報
石川文康（一九九五）『カント入門』ちくま新書
カント［中山元 訳］（二〇一〇）『純粋理性批判1』光文社
神田橋條治、滝口俊子（二〇〇三）『不確かさの中を』創元社
金子大栄（一九八一）『歎異抄』岩波文庫
河合隼雄（二〇〇三）『臨床心理学ノート』金剛出版
河合隼雄、鷲田清一（二〇一〇）『臨床とことば』朝日文庫
河合隼雄、小川洋子（二〇一一）『生きるとは自分の物語を作ること』新潮文庫
Kempe CH, Silverman FN, Steele BF, et al (1962) The battered-child syndrome. 181 ; 17-24.
小林利行（二〇一九）「日本人の宗教的意識や行動はどう変わったか―ＩＳＳＰ国際比較調査「宗教」・日本の結果から」放送研究と調査 六九（四）、五二－七二頁
共同訳聖書実行委員会（一九八八）『聖書―新共同訳』日本聖書協会
宮崎駿（一九八三）『風の谷のナウシカ』徳間書店
マザー・テレサ［渡辺和子訳］（一九九六）『マザーテレサ愛と祈りの言葉』ＰＨＰ出版
中村雄二郎（一九九二）『臨床の知とは何か』岩波新書

根ケ山裕子（二〇二〇）『子ども虐待対応―法的実務ガイドブック』日本加除出版
西久美子（二〇〇九）「〝宗教的なもの〟にひかれる日本人―ＩＳＳＰ国際比較調査（宗教）から」放送研究と調査　五九（五）、六六―八一頁
西澤哲（一九九四）『子どもの虐待―子どもと家族への治療的アプローチ』誠信書房
西澤哲（二〇一〇）『子ども虐待』講談社現代新書
野口裕二（二〇〇二）『物語としてのケア―ナラティブアプローチの世界へ』医学書院
エリザベス・シフトン［あきた・のぶこ訳］（二〇二〇）『平静の祈り―ラインホールド・ニーバーとその時代』新教出版社
杉山春（二〇一七）『児童虐待から考える 社会は家族に何を強いてきたか』朝日新書
高橋規子・吉川悟（二〇〇一）『ナラティブセラピー入門』金剛出版
滝川一廣（二〇一七）『子どものための精神医学』医学書院
梅沢雄一先生を囲む会編（一九八六）『この子らと生きて』三誠社
鷲田清一（一九九九）『聴くことの力』ＣＣＣメディアハウス

第3章 自治体業務に活かす『りんてつ』

福田　一郎

はじめに

私はとある市役所に勤務する地方公務員である。

自治体職員にとっての哲学とは何かと考えて、まず思い浮かぶのは企業トップの経営哲学のような意味での哲学である。私が市役所に入庁して数年後だったと思うが、当時の課長・係長の発案で高齢福祉部署の若手職員が集められ、半年ほど連続して、市の広報紙の一面に介護の特集記事掲載を任されたことがあった。連載終了後、課長・係長から市長に若手職員をねぎらってやってほしい、と話をしたらしく、市長との懇談の場を設けてもらった。市長は若手職員にいろいろ話をして終始ご機嫌だったことを覚えている。

当時は高齢化社会が急速に進展し始めた頃で、地域包括支援センターができ始めた頃だったと思うが、私の勤める市では他の地域に先駆けて高齢者支援施策を推進していた。市の広報への取り組みもそういう姿勢の表れだったと思うが、若手職員に丸ごと任せるなど、当時上司たちがどう考えていたかはわからないが、柔軟な発想や、積極的な姿勢があったと思う。

哲学や心理学については門外漢である私にとっては、働く場における哲学とは明確な方針や考え方のことを指すのかと思っていた。

しかし「りんてつ」という思索の場を通して、考えることそのものが哲学するということなのかと思うようになった。答えに至らなくても、考える過程が哲学なのではないかと。

本稿では、主に課題本を通して、そこに提示された哲学的テーマについて考察しつつ、市役所の業務に哲学がどのように活かされるのか、振り返りながら考えてみたい。

I　自治体職員と哲学の関係

1　公務員の服務の根本基準や倫理について

私が公務員という職業を選んだ理由はあまり積極的なものではなく、一度就職したとある生活協同組合（生協）を持病の腰痛が原因で退職せざるを得なくなり、事務的な職業を探した結果、たどりついたのが公務員だった。

当時はバブル景気の末期で、就職は完全な売り手市場、公務員を目指す人は少なく、私も全く考えていなかった。希望した生協に就職でき、喜んでいただけに退職直後は途方に暮れたが、考えている時間もなく公務員試験の準備に取りかかった。当時私は自然保護活動にかかわっていたのだが、ある市で主催した市民講座の学習が、市立学校の樹木への農薬散布を天然成分のものに変えることにつながった、ということを本で読み、市役所でも生活環境を改善するためにできることがあるのではないか、と思ったことも公務員を目指すきっかけになった。

公務員というと安定志向という言葉を思い浮かべる方も多いと思うが、私も公務員は大半がそういう人なのではないか、と思っていた。しかし最初に配属された福祉の職場では、市民サービスに積極的に取り組む若手職員が何人もいて、認識を改めた。早い段階で手本となる先輩職員に巡り合えたことは幸運だった。

公務員は民間企業と違い、全体の奉仕者として、公共の利益のために勤務することが法律で定められている。公務員の服務の根本基準を定めた規定として、国家公務員の場合は国家公務員法第九十六条が、地方公務員の場合は地方公務員法第三十条があり、それぞれ（国家・地方公務員は）「全体の奉仕者として公共の利益のために勤務し、且つ、職務の遂行に当たっては、全力を挙げてこれに専念しなければならない」と規定されている。

公務員の倫理規定としては「国家公務員倫理法」があり、その第三条に「職員が順守すべき服務に係る倫理原則」として職員は全体の奉仕者であり国民に対し不当な差別的扱いをしてはならないこと、職務や地位を自らや自らの属する組織のための私的利益のために用いてはならないこと、そして利害関係者からの贈収賄の禁止について定められている。地方公務員についての法律はないが、自治体ごとに条例など何らかの定めがあるようだ。地方公務員の場合も、国家公務員倫理法に抵触するような行為があれば、国家公務員と同様に処分されることになる。

また、国家公務員倫理法に基づく「国家公務員倫理規程」というものもあり、主に贈収賄や接待等の禁止等について、詳しく定められている。なぜ特に贈収賄や接待のことについて定めた規程が制定されたかというと、一九九〇年代の公務員による相次ぐ不祥事が原因となっているとのことである。

こうした法律等で規定されているにもかかわらず、贈収賄や接待の事件は後を絶たない。間違いなく法に触れ、発覚したら逮捕や失職が待っているとわかっていながら、その重さと釣り合わないような金額で賄賂や接待が繰り返されるのはなぜなのか、幸いにも縁のない者として不思議に思う。賄賂は世界中どこの国にもあり、その歴史も相当古いという。自分の立場や地位を利用して賄賂を要求するなどは論外だが、そんなつもりがなくても、受け取りを拒否できない状況に追い込まれてしまう場合もあるかもしれない。

賄賂ではないが、市民の方と長くお付き合いしていると、市民の方（特に年配の方）が「いつもお世話になっているから」とお菓子などをくださることがある。市民の実行委員による会議の場でお菓子が配られる、などということもある。アメ玉一つとか、小さいものほど断りにくい。正直断るのが大変なので、そういうことをしないでいただきたいのだが、他意はないのでなお困るのである。あまり杓子定規にならないように気をつけつつ、親しき仲にも礼儀あり、ではないが、倫理意識を持って誰に対しても公平に接していることをわかっていただくことで、より信頼していただけるようになると思っている。

その他、倫理的な規定としては、国家公務員法第九十九条の信用失墜行為の禁止、同第百条の秘密を守る義務、いわゆる守秘義務などがある。特に守秘義務については日常的に注意が必要である。個人情報を紛失したり、郵便物の誤発送や誤ってメールで送ってしまったり、ホームページ上に上げてしまったり、といった事例は、残念ながら全国の自治体で起きている。それらは不注意によるものだが、中には意図的に個人情報を聞き出そうとしてくる人間もいて、そういう相手に教えでもしたら、人の命にかかわる事件になりかねない。

公務員に限ったことではないが、ネット社会になり、よりいろいろな情報にアクセスしやすくなったが、個人情報流出の機会も増えたわけであり、意識の問題とともに、セキュリティに対する知識や対策も求められるようになっている。

2　市民目線で考える

よく自治体の目指す職員像として「市民感覚を持ち、市民目線で考える職員」ということが掲げられる。平易な言葉遣いやわかりやすい説明を心がける、ということもそうだが、市民の生活を知り、市民の立場になって考えるという、職員として必要な姿勢のことであるが、市民にサービスを与える側であるなどと、上から目線にならないようにという、戒めも込められていると思う。

公務員の中でも基礎自治体である市役所の仕事は、市民生活に直接かかわるものである。市役所の役割は、市民が安心して快適に暮らせるような市民サービスを提供し、市民生活の向上を図ることである。自治体の主役は市民であり、どの自治体も市民参加条例など、姿勢に市民の声を反映させる仕組みがある。市が計画を策定したり新しい事業などを行う際には、市民説明会を開催したり、市民意識調査を行って、市民の声を伺う機会を作っている（意識調査は設問次第で都合の良い結果を導き出せるので、注意が必要である）。

時々、十分市民に説明せずに立派な公共施設を建てて住民から批判される、などということがあるが、基本的に市民の意見を尊重する姿勢があれば、そういう事態は避けられるはずである。もちろん市民の意見にもさまざまなものがあり、住民同士の意見が対立することや、実現困難な要望等もあるので、そう簡単にはいかない。最終的には市が判断して決定し、議会の承認（議決）を仰ぐことになる。

このように市民の意見を聞き、市民目線で市政を進めていけば、健全な自治体運営を行うことができると思うのだが、実際はさまざまな思惑などが市政に影響を及ぼす。政治的なものもその一つだ。

地方自治体（市）は、市民と、議決機関である市議会と、執行機関である市長（市職員は市長の補助機関）や教育長の三者で構成されている。市議会は条例の制定や予算を決めるほか、市の事務事業が適正に執行されているかチェックする役割もある。市議会と市長が相互にけん制し合いながら市の発展に努めていく、というのが健全な状態である。

私が入庁した当時は革新市政だったこともあり、議会はよく紛糾していたが、あまりギスギスした印象はなく（私がまだ若手だったので気づいていなかったせいもあるかもしれないが）、市役所全体としてまだどこか余裕があったと思う。しかし最近は年々両者の関係がシビアになってきていると感じる。原因はいろいろあると思うが、一般職員からすると、業務に対する影響は少なくない。議会対策、ひいては政治的な理由で本来ならする必要がない業務に膨大な時間を取られることもある。それらが日常業務に支障をきたすことにつながり、結果的に市民サービスにも影響してしまう。誰に影響が及ぶのか、ということは考えてみるべきだと思う。

市役所の中でも、組織体系や各部署の所掌事務が、市民にとっての利便性よりも組織側の都合で決められているのではないか、と思うことがある。限られた人員と予算で業務を進めるためには、市民のニーズにすべて応えることは難しく、また業務の効率化によって余裕が生まれ、より良いサービスにつながることもある。ただ市民への影響を考えた上でそう決定したのかどうか、が大事なのだと思う。

ほとんどの職員は倫理意識を持っていると思うが、大きな視点で物事を考えるようになればなるほど、市民との距離が離れれば離れるほど、市民感覚、市民目線を忘れがちになると思う。改めて肝に銘じたい。

3　本当に必要な市民サービスを考える

市の業務には法定事務など、法律で手続等が決められていて市の裁量の余地のない事務も少なくないが、市独自の事業や工夫の余地のあるものも多い。いずれの業務も市民の声に耳を傾け、よりよいサービスを提供していく、というのが基本的に職員に求められる仕事への取り組み姿勢である。一方で市民のニーズは多種多様であり、すべてのニーズに応えることは当然困難である。予算的な制約がある中で、費用対効果なども考えながら、優先順位を考え、さらには職員のキャパシティも考えたうえで業務を行うわけである。

昨今は主に財政事情から、どの自治体でも業務の見直しが行われていると思うが、本当に必要な市民サービスとは何だろうか。

今あるサービスで誰にも必要とされていないものなどないし、また多くの市民が必要としているサービス（子育てや介護など）のほうが、対象者が少ないサービスよりも必要度が高い、などということもない。また最近は子どもや若年層の貧困やヤングケアラーの問題、増加しているといわれる引きこもりの問題や八〇五〇問題など、新たな課題も出てきており、市町村レベルでも何らかの取り組みも求められている。新型コロナウイルス対策など、突然対応を迫られる課題もあり、必要とされる市民サービスはいくらでもあるのである。

その一方で、過剰ではないか、と思えるサービスもやはりないわけではない。市役所は基本的に平日の日中しか開庁していないので、私自身も含め働いている人にとっては不便である。そのため業務ごとに休日や夜間に窓口開設を行うなどの対応を行っているのだが、それでももっと、という声をいただく。市議会などからも「こういう市民の声がある」とか「ワンストップで」などとサービスの拡充を求められたりすることもあるが、工夫は必要であるものの、限られた人数と予算でできることにはやはり限界がある。要望に応えようとしてやり過ぎると、職員も人間なので過重労働で体調を崩したり、余裕のなさからミスなどを起こしたりすることにつながってしまう。

本当に必要なサービスを精査し、柔軟にいろいろと試行錯誤できたりすればよいと思うのだが、一度拡充したサービスを縮小したりすると、市民への影響の大きい業務だとサービスの低下だ、とお叱りを受けたりするので、簡単に変えられなかったりする。

また議員が支持者からの要望を受けて事業実施（予算化）を求める場合もある。それが実際多くの市民にとって有益なものであればいいのだが（そういう場合ももちろんある）、他の事案と比べて明らかに優先順位が低かったり、職員の業務負担に見合わなかったりする場合がある。職員からするとそういうものは極力ないほうがありがたいのだが、実現される場合もある。

市民生活に欠かせない、なくては困るサービスは絶対に必要であるが、市民生活をより豊かにするサービスについて、その利便性をどこまで追求するか、他のサービスへの影響などを見極めながら判断し、市民の方に納得していただけるよう丁寧に対応することが求められる。その場合もやはり多くの市民と積極的にコミュニケーションをとり、市民の方が望んでいることを知り理解することで、本当に必要とされるサービスを見極めることにつながると思う。

Ⅱ　自治体職員の実務について

ここでは課題本『どうすれば幸せになれるか科学的に考えてみた』（二〇一七）で提示された哲学的課題をヒント

に、自治体職員の実務について考えてみたい。

本書はタイトルどおり、科学者とラジオパーソナリティの二人の著者が、対談形式で幸せになる方法について科学的に考察するという内容である。幸せという個人的で、形のないものを科学的に考えるとはどういうことか、幸せという哲学的な課題を科学で解明できるのか、など興味深いテーマであった。

対話形式なので自由に、いろいろな視点から幸せになる方法についてアプローチしており、さまざまな哲学的課題が提示されているので、そこから広げて考察してみたい。

1　福祉の現場で

一口で福祉といっても高齢福祉、障害福祉、生活保護などいろいろあるが、私が経験したことがある高齢福祉と生活保護を念頭に考えてみたい。高齢福祉も生活保護も、その目的は本人やその家族が幸せに生きられるようにすることと言えるだろう。そのためにさまざまな制度があり、それらを十分活用できるようにケアマネージャーやケースワーカーなどがいる。

例えばケアマネージャーは本人の要介護度などに応じて使えるサービスの中から、本人の状況、家族などの環境等を考慮して必要なものを選び出し、本人や家族の希望にできるだけ沿ったケアプランを作成するだろう。しかし本人の希望と家族の希望が一致しない場合もあり（例えば本人は在宅を希望するが、家族は在宅では見きれないので施設入所を希望する場合など）、ケアマネージャーはできるだけ両者の希望に沿うようにプランを変更するなど、苦心することも少なくないと思う。そうして調整した結果、本人・家族からある程度納得を得られて、ケアマネージャーとして一定の役割を果たせたとしたら、それは一つのやり甲斐となるはずだ。

福祉の仕事に携わる人は、誰かの役に立ちたい、助けになりたい、という思いを持たれている人が多いのではないかと思う。市役所の職員の場合、一部の専門職を除き職員は人事異動で多くの職場を経験するので、福祉の職場に配属された職員も希望してきた人ばかりではない。しかしそれでも困っている人に何らかの支援を行うことでやり甲斐を感じる人も少なくないと思う。

『どうすれば～』の中で、「『相手が喜んでくれたのがうれしい』という表現に共感できない」と著者二人で話されるシーンが出てくる。他人の評価に自分の感情が左右されるのはおかしい、ということを言っているのだが、そこから話を少し広げて考えてみたい。

福祉の仕事の場合、担当者から見て最善と思われる支援を行ったとしても、必ずしも相手に喜ばれるとは限らない。劇的に生活を改善したり楽にできたりということが少ないということもあるが、自分としてはベストな支援ができたと思っても、相手に喜んでもらえないこともあるだろう。がっかりしなくてもいいが、少し残念ではある。やはり多少なりとも喜んでもらえたらやった甲斐があったと思えるのではないか。経験を積むことで、自分の支援は間違っていない、十分やれたと思えるようになれば、相手の反応に一喜一憂することもなくなってくると思うが、多少なりとも喜んでもらえたら良い支援を行えた証拠であり、仕事の成果が目に見える形で現れるので、うれしいはずだと思う。

相談や支援においては、相手に「寄り添う」ことが大事だと言われる。適度な距離感で親身になって支援することだと思うが、自分がその仕事に携わっていた時は、生活に干渉されるのを好まない人などに対しては距離を取って必要最低限の支援を行い、率直に話せる人などには一歩踏み込んだ支援を行う、ということをしていたと、今になって思う。一所懸命やったという自負はあるが、若かったこともあり、十分に寄り添うことができていたかわからない。私は今支援の仕事を直接していないが、職場にはそういう気持ちをベースに持って相談支援を行っている職員たちがいる。こちらの気持ちが伝わらない、あるいは伝わっても支援に乗ってこない、良かれと思ってしたことを悪く受け取られてしまう、などということもよくあり、そんなときは皆で集まって気持ちを共有し、フォローし合っている。年齢も経験もバラバラな彼らだが、持って生まれた資質だろうか、相手を助けたい、良くなってほしい、という思いでめげずに支援を続けている姿は、仕事とはいえ尊く感じられるのである。

2 市民との協働を通じて

地方自治体では市民参加条例を制定するなどして、市が進めていく事業や取り組みに市民の声を反映させる仕組みを作っているところがほとんどである。新たな事業を行ったり、計画を策定する場合にはパブリック・コメントを行ったり、説明会を開催したりすることもそうであるが、さまざまな市の委員会・審議会などのメンバーに公募による市民委員の枠を設けたり、中には事業の企画・運営等を行う市民委員だけで構成された委員会もあり、また市のさまざまなイベントは市民による実行委員会形式で実施されているものが多い。

そうした事業等に参加される市民の方は、地域でさまざまな活動を行っていたり、市民同士の横のつながりを多く持っていたり、アイデアが豊富で行動力があったりと、大変優れた人がたくさんいる。職員としては、市民の方に教わることが本当に多い。

特にコロナ禍で市民の力が発揮される場面が見られた。新型コロナウイルスの感染拡大により状況が刻々と変わり、いくつもの市の事業が縮小から中止へと追い込まれる中、オンラインを使って柔軟に対応し、新しい形で事業を実施していた市民団体による実行委員会もあった。また、フードパントリーなどの事業を実施したのも市民の人たちであった。

多くの市民は自分たちで物事を解決する力を持っている。自分ができなくても、横のつながりで協力し合い、新たなつながりを作ったりしながら解決していく。市民との協働においては、行政の仕事は裏方として市民が自由に活動できる手助けをすることなのである。市民活動に携わる方からは、市民が困っているからといって、行政が手を出し過ぎると市民が育たない、と言われる。

『どうすれば〜』に、情報は「中くらいのつながり」の人に伝えると最も伝播しやすく、また情報を拡散してくれるのは必ずしもオピニオンリーダーと言われる人ではなくごく普通の人だ、という話が出てくる。市民同士の横のつながりはまさにそうである。市民との協働においても、誰かに相談することによって、そこから次々他の人を紹介していただいて、「こんな方が市内にいたのか」と知ることも多々ある。また同書に、フェルマーの最終定理が発見された経緯で別の研究からそこにたどり着いたという話が出てくるが、全然関係ないことから答えにたどり着くこともあるということ、また視点を変えるということの意義について述べているのだが、これについても同じことが言える。市民活動をしている方は一人でさまざまな活動をしている方が多く、いろいろなネットワークを持っているので、こちらから別々にアプローチしていた方同士が知り合いだったりすることもある。われわれが知らないネットワークを持っている場合も多い。まず誰か市民の方に相談してみることで、そこからいろいろな方を教えていただいたり、ヒントをいただけることが多いのである。

このような多様な市民の方たちと関われる仕事は、他にあまりないかもしれない。人事異動で部署が変わればそこでまた別の市民の方々と知り合うことができ、職員も視野を広げていくことができる（市民と協働する機会の少ない部署もあるが）。

3 コロナ禍で見えてきた新たな課題

コロナ禍で私たちの日常は大きく変わった。ここでは市役所の業務や、市民活動への影響を通して、見えてきた新たな課題について、私の知っている範囲であるが述べてみたい。

緊急事態宣言や、まん延防止等重点措置の発出、終了と、感染状況に合わせてさまざまな対策が国・都道府県・区市町村レベルで決定されるが、気になるのはその際によく聞く「担当部署の判断に任せる」というフレーズである。現場の事情を一番わかっているのは担当部署なので、その判断は重視されるべきというのはそのとおりなのだが、「自分たちの判断でやっていい」というのではなくて、「自分たちで責任を持って判断するように」と、判断と同時に責任も全部負わされているように感じるのである（コロナに関係ないが、職員のミスにより市に金銭的な損失を与えた際、損害を生じさせた職員自身が損失補填をした自治体の事例を最近いくつか聞いた。報道の範囲なので詳細はわからないが、本人からの申し出により、ということになっているようだが、何らかの圧力があったのではないか、と思ってしまう。また、自治体もそれでよしとしているのだとしたら、組織としてどうなのかと思う）。

感染拡大状況に応じた公共施設の開館・閉館など、統一的な対応が必要なものは方針が示されるが、特に市民を対象としたイベントなどは、大きなものを除き現場の判断に任されるケースが多い。しかしことコロナに関しては、市民の命にかかわるものであり、現場の判断に任されるのは厳しい。職員の間でもさまざまな意見があり、市民の意見を聞いて、やりたいという意見が多いのであればなんとかやれる道を探るべき、という意見の者もいれば、指示待ちの者や、責任を負わされるのは嫌なので中止すべき、やるのであれば自分は担当しない、などと言い出す者もいて、さらにそれに対して上司が判断や明確な指示をしないなど、部署によってはもめるケースもある。

コロナ以前からあった問題が、自治体の業務や事業、イベントや会議などについて、どう対応するのがベストなのか誰もわからない、という状況下で、浮き彫りになった気がする。

オンラインへの対応も課題の一つである。今後オンライン化が急速に進み、市の業務や事業などもオンラインが主流になってくる可能性があるが、個人情報やセキュリティの問題もあり、自治体のオンライン環境は、民間に比べて遅れているのではないかと思う。コロナ禍で急に対応が必要になり次第に進んできているが、統一されたルールもない中、できることから取り組み始めている、というのが現状である。集まれない中、オンラインで会議を行ったり、オンライン講演会や交流会など事業をＷＥＢ上でできるのは、良いことだと思う。

行政が気をつけたいのは、スマートフォンやパソコンを持っていないなど、オンライン環境に対応できない市民を置き去りにしないことである。例えば会議公開の原則にのっとって、ほとんどの会議が傍聴可能となっているが、オンライン会議であってもそれは同じなので、オンライン環境のない市民の方も傍聴できるよう、場所と環境を用意するなどの配慮が必要である。

市民に委員になっていただく各種実行委員会や市民会議などについても同様である。

市民活動については、特にご年配の方が多い団体などは、オンラインへの対応に不慣れなことから活動を大幅に縮小したり、休止したりするところもあった。今後のためにオンライン環境に慣れようという意欲のある団体はよいのだが、対応できないという団体もある。そういう団体の方も会議に参加できるようにすることが大事なのである。

オンラインの事業は会場も不要で、遠方に住む講師にも講演をしていただけるなど、便利な面が多い。主催する側も慣れればリアルで実施するより楽なので、ついオンライン中心に実施したくなるかもしれないが、会議外での参加者同士の交流や情報交換など、リアルでないとできないこともあり、そういったことが大事でもあるので、コロナが終息したら、市民のニーズを把握したうえで、リアルでの実施を考える必要があると思う。

Ⅲ　生活の中でのりんてつ

1　自分自身にとってのりんてつ

『どうすれば～』の中で、幸せになるためには「自分の感情と向き合う力」「自分と向き合う力」が大事だと著者の一人、石川氏は言う。「『幸せに生きること』には実はみんなそんなに関心がなく」「関心があるのは『今日という一日をとりあえずやり過ごすこと』なのではないか」、とも。

自分と向き合う、あるいは真剣に考えることはとてもしんどいことである。

結婚や離婚、病気や介護、失業や転職など、人生の一大事に際しては立ち止まってじっくり考えるが、普段の生活の中では自分自身についてのさまざまなことを深く考えたりせずに過ごしている人がほとんどではないだろうか。よほど切羽詰まった状態になれば誰でも考えざるを得ないが、その時にはすでに手遅れなのだろう。

私自身、この先どうやって生きていくか、など本気で考えなければと思いつつ、仕事や生活に追われていることを言い訳に、結論を先のばしにしてきた一人である。明確に「幸せになりたい」と考えたことはないような気がするが、この状態が続いたらいい、とかこうなってほしい、などと思ったことはもちろん何度もある。そうしたものの総体が「幸せ（な状態）」なのではないかと思うが、そもそもこうしたい、ああしたいという強い意志が自分には欠けているのかもしれないとも感じていた。でもそれも、ただ自分と向き合っていなかっただけなのかもしれない、と気づかされた。幸せになりたいかどうかは別として、自分と向き合って、自分が本当はどうしたいと思っているのか、探ってみることで自分でも気づいていなかった「自分」を知ることができるのかもしれない。

思えば私は職場でたいてい他の職員の希望を優先し、自分のことは後回しにすることが多い。上司だからというのもあるが、特に強い希望を持たないからでもある。たまにどうしても、というときに自分の希望を通させてもらうくらいだ。それでもお互いに協力し合い、相手を気遣うことができる職員が揃っているときはうまく回っていくが、ひとたび自分の意志を押し通すような人が職場に加わると、そうはいかなくなる。うかうかしていると自分の希望など全く通らなくなってしまうので、自分の希望を主張しなければならなくなるが、この場合自分の本当の希望は、自分の都合というよりは、「公平」「平等」「話し合って決めるべき」などといった「考え」である。普段から思っていることではあるが、自分として譲れないもの、自分の考えをあらかじめ掘り下げて明確にしておけば、事に当たって的確に判断できるに違いない。

さて、「りんてつ」も私にとってはなかなかしんどい。毎回取り上げられる課題本は、重たいテーマのものも少なくない。『加害者家族』や『生きがいについて』、『教誨師』など、自分がその立場だったらどうするかと考えるが、簡単に答えは出ない。その行為は、自己と向き合うことでもある。だらだらと考えるのではなく、期限までに考えをまとめること（まとまらない場合が多いが）、それをまた皆で議論することは、もしかすると自分と向き合うトレーニングになっていたかもしれない。読むだけで精一杯という本も少なくなく、哲学や宗教、思想に関する知識の乏しい私にとっては、考えたこと、考えようとしたことにのみ意味があったと言えるかもしれないが、少なくとも考えることで一歩先に進めたと思うのである。

2 家族・友人などとの関係

『どうすれば〜』では、幸せになるためには「自分と向き合う力」「自分の感情と向き合う力」が必要で、「自分が何に飽きているのか」「何に怒っているのか」など、自分の感情、いわば自分自身を知ることで、自分が本当に望む状態を知り、それを追求していくことが幸せになる方法だと述べられていると思う。その「幸せ」とは、心理学的には「快楽」「意味」「没頭」の三種類あると言われていて、多分そのバランスだとも述べられている。

何に快楽を覚えるか、何に意味を見出すかは人それぞれであり、「幸せ」という状態も一人ひとり違う。例えば夫婦と小さな子どもがいる家族の場合、親からすると子どもが大きくなるまでの間、家族は運命共同体のように感じ、家族の幸せが自分の幸せのように思う人も少なくないのではないか。子どもが成長した後も子どもの幸せを願うのが親心というものだ。

ただ、自分のためでなく、子どものために、という思いが強すぎると、自分という存在がなくなり、幸せになる主体が自分ではなくなってしまう。子どもへの思い入れが強すぎると、子どもがつまずいたり、期待したとおりにならなかった場合、自分も同じ思いをするので子どもに対してお門違いな怒りをぶつけてしまう、などということにもなりかねない。

子どもの幸せを願う気持ちは尊いが、自分の幸せはやはり自分自身のためのもので、自分を幸せにできるのも自分だけということだろう。

家族や友人の幸せを願うことはできるし、手助けをすることはできるが、自分にできることはそこまでだと知っておく必要がある。

ところで『どうすれば〜』には、日本人は他人に迷惑をかけないよう、子どもの頃から教育され、そこから他人の評価を気にする人に育っていくように思うが、自分の中に評価軸を持つことが大事だ、という趣旨のことが語られている。また「もっと自分の欲望に忠実になることが必要だ」とも述べられている。幸せになるには意志の力が必要だ、ということが繰り返し述べられていると思うが、控えめであることや我慢強さを美徳とする日本人の意識からすると、実際にその意志の強さを行動に移すのはなかなか勇気がいることのように思える（実際は自分の意見を通す強い人が結構多いので、自分など一握りの人間だけかもしれないが。ディベートが流行った時期もあり、日本人の意識も変わってきたのかもしれない）。

他人に迷惑をかけるな、と言われる一方で、困ったときはお互い様、という言葉も古くからある。最近は不寛容な社会と言われ、また隣近所もお互いに干渉しないようになっているが、かつてはお互いに助け合う必要があって、頼み事など迷惑だとも思われなかったはずである。どんなに気をつけても誰にも迷惑をかけずに生きていくことは不可能だろうし、助けてもらったら次は自分が助けてあげたい、という気持ちは今でも多くの人が持っているのではないか（私も仕事でそういうことが何度かあった）。

幸せになるためには意志の強さが必要だが、我を通すというのではなく、また周囲に気配りをしながら遠慮もしすぎず、さりげなく実現させていく、というのが理想かもしれない。

3　労働組合活動

私は勤務先で労働組合活動を行っている。

積極的にバリバリやっている、というわけではないので胸を張って言えないが、特に労働環境やそれに起因する職員の心身の健康の問題などについては、微力ながら力になりたいと思い、携わっている。

憲法第十三条や第十四条を持ち出すまでもなく、私たちは誰もが平等で幸せになる権利を持っている。立場が弱い人が負担を強いられるというのは当然あってはならないことだが、働く現場ではそういうことがしばしば起きる。特に最近はどこの自治体も財政に余裕がなく、職員数も削られているので、過重労働↓心身の不調による休職・退職↓補充なし↓さらに過重労働、といった負のスパイラルに陥っているケースもある（もちろん自治体だけではないが）。

このような状況にあって、働き続けられる環境を守る労働組合活動は重要性を増していると思うが、実際は年々日本の（世界も）労働組合組織率は低下している（二〇二〇年は日本は十一年ぶりに増加に転じた。コロナ禍による景気悪化の影響とみられている）。

そんな中でも世界的に見ると北欧諸国は高い組織率を保っている。北欧の各国は労働組合が強く、長時間労働は認められず、男性の育児休暇取得率も高いなど、ワーク・ライフ・バランスが進んでいる。世界幸福度ランキングでも北欧諸国は上位を占めているが、何か関連がありそうである。日本でも労働運動が盛んな時期があり、労働に関するさまざまな法律や制度が整備されたが、実態が伴っていない印象を受ける。残業はするなと言いながら日中ではとてもこなせないような仕事を与えたり、長時間労働をしている職員がいても見て見ぬふりをしたり、育休・産休・介護休暇などの制度はあっても、代替の正職員が配置されないので気持ちよく取得できない、等々、本気で取り組んでいるとは思えない。

実態の伴った北欧諸国との違いは、労働を美徳とし、長時間、不眠不休などとなるとさらに高く評価する日本人と、合理的な考え方をする国の人たちとの、国民性の違いなのだろうか。

最近は「自己責任」という言葉に象徴されるように、人に優しくない社会になってしまったように思う。過重労働で皆疲れて、他人を気遣う余裕もなくなってきているように見える。

甘いかもしれないが、働く人に優しくない社会は、誰にとっても暮らしやすい社会ではないだろう。組織についても同じことが言える。働く人に優しくない組織が、良い市民サービスを提供できるわけがないのである。会計年度任用職員（旧嘱託員、臨時職員）の報酬を低く抑えておいて、良いサービスを提供してもらおうなどというのも虫のいい話で、能力のある人は条件の良い、働きやすい場所に移って行ってしまう。

幸せになれるかどうかは、本人の努力次第だが、それを実現しやすい労働環境を守り、作っていくのが労働組合であり、働き甲斐のある職場、というのも幸せのピースの一つではないかと思う。

おわりに

課題本『どうすれば幸せになれるか科学的に考えてみた』は、幸せになるための方法について考察したものであるが、視点を変えてみれば、幸せになるために必要なことはあるか、あるとすれば何か、また幸せになるための条件はあるか、あるとすれば何か、などさまざま考えることができる。例えば性別による条件の差はないか、などと考えると、男は仕事、女は家庭、というような固定的性別役割分担意識が根強い日本では、条件差がありそうである。女性の目線による「幸せになる方法」もあると、また違う議論になるのかもしれない、などと考えが広がっていく。

また『どうすれば～』では「多様性」についても触れていたが、これもいろいろ考えられるテーマである。例えば同性婚が法律で認められている国もあれば死刑になる国もある。宗教や人種、地理的条件や歴史など、さまざまな理由で異質なものに対する考え方が異なるが、多様性を認めることのメリットを、一部の人間だけでなくみんなが生きていかれる、平和になることだという石川氏の意見は、多様性がなぜ必要なのかをとてもわかりやすく説明している。だから逆に格差社会という、一部の人間が富を独占している状態では、多様性がなかなか広まらないのか？　などと、そこからまた考えが広がっていく。

一つの課題について、いろいろな視点から考えてみると、思いもよらない発見をしたり、別の課題が見えてきたりすると、本書では繰り返し述べられているが、「りんてつ」もそうした予測不可能性を楽しめる場なのである。

〈参考文献〉

石川善樹、吉田尚記（二〇一七）『どうすれば幸せになれるか科学的に考えてみた』ＫＡＤＯＫＡＷＡ

第4章

臨床現場で出会う「自殺」を考える

――ショウペンハウエル『自殺について』を題材として――

齊藤　理恵

Ⅰ　自殺と安楽死・尊厳死

「人は、自ら死を選んではならないのか?」という問いについて、どう思われるだろうか。何十年か生きていれば、どんな人でも一度や二度は死にたいと思った瞬間があるだろう。それは失恋したときかもしれないし、受験に失敗したときかもしれない。もっと深刻なケース……例えば身近な人が自殺したり、自身が犯罪に巻き込まれたりということもあるだろう。ことの深刻さにかかわらず、多かれ少なかれ誰しも心の危機に瀕したことがあるはずで、そのときに「死にたい」と思うことは自然なことかもしれない。なお、自殺という言葉には道徳的に悪いものであるというニュアンスが含まれるため、「自死」と表現することが適切だという意見もあると思うが、この章ではショウペンハウエルの言葉の訳語として使われている「自殺」をあえて使用することとする。

自殺はそれほど容易ではない。鶴見（一九九三）のまとめた『完全自殺マニュアル』では、多種多様な自殺の方法が紹介され、ケーススタディが載っている。各章では死に至るまで、そして死後の様子が詳細に書かれている。事後のことまで考えて計画的に自殺をしようとするならば、その凄惨さにためらわれるような報告が多く、実際鶴見は自殺を推奨するためにこの本を書いたのではなく、「おわりに」では「『イザとなれば死んじゃえばいい』っていう選択肢を作って、閉塞してどん詰まりの世の中に風穴を開けて風通しを良くして、ちょっとは生きやすくしよう、ってのが本当の狙いだ」と述べており、ある意味で実存的に自殺を捉えている著作であるといえよう。自主的に、自分で方法を見出して自殺するというのは、だいぶハードルの高いことがわかる。

合法的な自殺といえる安楽死や尊厳死の観点から考えると、オランダを始めとしていくつかの国では限定的な条件ではあるが安楽死・尊厳死が認められており、自ら選択して死ぬことができる。安楽死は薬物により死期を早める積極的安楽死を指し、尊厳死は人工的延命措置の中止を指していることが多い。自殺と、安楽死や尊厳死は行っている行為としては重なるところもあるが、現在の日本の適用としては異なる部分も多い。しかし、近年の状況として児玉（二〇一九）による論文「『死ぬ権利』と『無益な治療』命の選別と切り捨てへの力動の両輪として」では、

「オランダやベルギーでは法律要件の『耐え難い苦痛』が身体的な苦痛に限られていないため、精神的な苦痛を理由とした事例が相次いでいる。四十代の生まれつき耳の聞こえない双子の男性が近く失明するとわかって二人揃って病院で安楽死（二〇一二年）、性転換手術の失敗を苦にした事例（二〇一三年）、娘を亡くした悲嘆に耐えかねた高齢女性（二〇一五年）など多数に及ぶ。近年は精神障害者の安楽死も急増している。なお二〇一四年の年齢制限撤廃以降、二〇一七年末までに三人の子どもにも安楽死が行われた」（児玉、二〇一九）

と述べられており、安楽死の対象はこれまで以上に広がりを見せている。特に注目したいのは精神的な苦痛が安楽死の対象となっている点である。精神障害者も安楽死の対象になっているということは、臨床で出会っている方々も、

もし日本で安楽死が認められた場合には、それを選択する可能性があるということだ。そして自分自身に置き換えてみたとしても、大きな精神的苦痛にさらされた場合には、安楽死の枠の中で死を選ぶ権利を持つことになるし、もしそうなれば、安楽死を実行に移す可能性もあるのだ。

不治の病で、延命のみが唯一の手段であるとき、少しでも自分の意識が残っているうちに、最小限の苦痛で死んでいきたいという考えから尊厳死を選ぶことはあり得る。一方、それが精神的苦痛となると、その時その瞬間に辛くとも、もしかしたらその後の人生において生きていてよかったと思うときが来るかもしれない。それでも今の苦痛に耐えかねて、死んでしまいたいと思い安楽死を望む、それもまたあり得るように思うのだ。それが合法的に行えるとしたら、死へのハードルはかなり下がるだろう。自殺が罪のように感じるのは、現在の日本では安楽死が認められていないということもあるが、宗教からの影響もあるかもしれない。

代表的な宗教の観点で考えてみると、キリスト教では、自殺が神の意図に反するため、自殺が宗教的に禁止されている殺人に当たるため、また人の命が神の所有物であるために自殺を禁じている（蝶名林、二〇一七）。一方、日本で主流の宗教の一つである仏教では、生命至上論ではないために、自殺を禁じてはいない（木村、二〇〇八）。仏教で自殺を是認する条件は、まずその当事者が周囲の人々とのつながりを自らの意志で事前に断ち切っているか、さもなければ自らの死の選択を周囲の人々に認められていなければならないとされている。その上で、次の三つの条件のいずれかに該当するものとなっている。一つ目は何らかの重大な苦しみを抱いているものが、自らの人生の中でなすべきことをすべてなし終えたと実感している場合で死期が目前に迫っている者、二つ目は自らの生命を犠牲にしても他者を救おうとする場合、三つ目は自らの人生の目標の実現のために、自己の全存在を賭けようとする場合である。ここで特筆すべきは、木村（二〇〇八）の述べている「上記のいずれかの条件のもとで、やむを得ず自らの生命の犠牲を覚悟せざるを得ない場合、仏教はその選択を是認しているのである。言い換えれば、仏教が尊重すべき『いのち』は生物としてのそれではなく、心の生き方に目覚めた主体的な自己、主体的な『いのち』である。この二つの『いのち』を混同することは仏教の本質を見失うことに他ならない」という点である。ある意味で、能動的に生きた結果として死を選択することを指しており、先に述べた安楽死の精神疾患への適応とは一線を画す条件になっているといえよう。

いずれにしても、一定の条件を満たせば安楽死ないし自殺をすることは是とされる場合もあるようだ、ということになる。さらに言えば、倫理学の分野では、「自殺は自殺者以外を害するので悪なのではないか、しかし、必然的に他者が被る害を想定することは難しく、倫理的に決定的に悪とは言えないのではないか」「自殺は非合理的なのではないか、しかし、そもそも自殺が持つ合理性・非合理性が、自殺の悪さ・正しさを説明するのか」などの視点から、自殺についての道徳的価値が論議されており、未だその結論が出ていない状況だ（蝶名林、二〇一七）。少なくとも、自殺をすぐに否とは言い切れない。

さて、いよいよわからなくなってきた。「人は、自ら死を選んではならないのか?」

Ⅱ　近年の自殺の状況

令和元年の厚生労働省による統計では、自殺者の総数は二〇、一六九人で、令和二年の統計では、自殺者の総数は二一、〇八一人となっている。一時期自殺者が三〇、〇〇〇人を超えたことを考えると減少しているが、令和二年を前年比で見ると四・五％の増加となっており、令和三年の予測としては、新型コロナウイルスの蔓延が与えた社会的損失や閉塞的な状況の影響を鑑みると、今後の自殺者数の増加を予感させる結果である。原因・動機が明らかなもののうち、個々の要因別に見ると、「健康問題」が令和元年は九、八六一人、令和二年は一〇、一九五人で最も多く、次に「経済・生活問題」が令和元年は三、三九五人、令和二年は三、二一六人、「家庭問題」が令和元年は三、〇三九人、令和二年は三、一二八人、そして「勤務問題」が令和元年は一、九四九人、令和二年は一、九一八人となっている。要因の一つである「健康問題」については、令和元年、令和二年ともに身体的な健康問題に比べて、うつ病・統合失調症・アルコール依存症・薬物依存症など精神疾患の問題が圧倒的に多い。精神疾患は、自殺に直結することをこの統計からうかがうことができる。つまり、精神的苦痛がいかに死を望ませるかということでもある。自殺者の多さは日本では社会問題として捉えられており、一九九八年に自殺死亡数が激増した後、二〇〇〇年には健康日本21の「休養・こころの健康づくり」に自殺者の減少の数値目標が挙げられ、二〇〇一年には自殺対策事業費の予算が組まれている。厚生労働省中心に取り組まれてきた対策は、今や省庁を超えて連絡会議が設置され、自殺予防は政府全体で取り組むべき問題となっている。政治として見ると、自殺は止めるべき・対策すべき問題であり、実際すでに対応されている問題でもある。

Ⅲ　クリニックにおける心理臨床で出会う「死にたい」

筆者は、現在精神科クリニックに心理職として勤務している。幼児期から成人期まで幅広く対象としているクリニックで、年齢だけでなく病態もさまざまだ。クリニックでは、医師の指示のもと、本人の希望があれば心理職が心理面接を行うことになる。そのような中で、幼児からは言われたことがないが、ある程度以上の年齢の方にお会いしていると、なかなかの頻度で「死にたい」と言われる。それくらい辛いのだという比喩であったり、本当に切実な「死にたい」であったりする。どの「死にたい」もその人の本当の思いであるから、もちろん無下にはしないのだが、こちらにはいろいろな思いが去来する。目の前の、何らか縁あってお会いしているその人に死んでほしくないという思いがまずある。反対に、今の辛さや悩みの大きさを考えれば、死にたいと思うのも当然だろう、と相手の気持ちをそのままに受け止めている部分もある。それと同時に、心理臨床を仕事として行っている以上、リスクヘッジも頭をよぎる。正確に評価を行い、自殺を止めるようなアクションを起こしておかなくては、万が一のときに責任を問われかねないからだ。そういうことをやっているとき、「私はこの人が死んだときの責任逃れのために、定型文を口にしなければならないのだ」と自虐的にほんの少し思っていることを申し添えよう。矛盾するようだが、そういうときでも、先に述べたように心のどこかであなたに死んでほしくない、生きていてほしい、と本心から願っていることもまた事実であるし、その割合の方が圧倒的に多い。

実際のところ、臨床の現場で「死にたい」を耳にした場合には、まず、現在の自殺念慮の評価が優先される。対応の一例として、特定非営利活動法人メンタルケア協議会による、「ＪＡＭ自殺リスクアセスメントシート」を引用して、その用い方について概観しよう。このアセスメントシートは、大きく三つのチェック項目から構成されている。チェック1では本人の様子を、チェック2では背景事情を、チェック3では本人の対応能力・周囲の支援力を、それぞれ確認していく。

個別の心理療法の場面で、常にこのＪＡＭ自殺リスクアセスメントシートを携帯しているわけではないし、そもそも「死にたい」と言われて「では……」とおもむろにシートを取り出すわけにもいかない。電話相談の現場であれば、シートに記入をしながら聞き取りとなるのだが、面接室での心理臨床では、自分の頭の中にアセスメントシートがあって、クライエントの様子を見ながら、訊くことそれ自体が外傷的な体験にならないよう、そっと注意深く訊いていくことになる。具体的には、まず、本人の状態を客観的に観察して、あるいは聞き取りをして、混乱していないか、追い詰められ感・視野狭窄・焦燥感・抑うつ感の有無、奇妙さや不自然さ、特異なことなどを確認する。次に、自殺の計画や準備をどの程度しているか、どのような手段を考えているかをできるだけ訊き、特に緊急性の判断に活かす。病歴や家族歴、経済状況などはすでにこれまでの心理面接を始め、インテーク時や医師の診察などで詳細を把握していることも多く、また電子カルテ上に精神科入院歴が入力されていることもあるため、クライエントに許可を得つつ、普段は話しながら見ることはない電子カルテを開くこともある。そうして集められた情報を総合して、次に取るべき行動を決める。

そして、ケースによっては自殺をしないよう約束をすることもある。アセスメントをして緊急性が高ければ、できる限りクライエントの理解を得た上で医師とも相談し、精神保健福祉士などとも連携して、入院できる病院につなげるなど必要な対応を行っている。もちろんそれも容易ではなく、明日必ず来院するという約束までで止まることもあるし、クライエントの家族に連絡をして次の来院日までの安否確認を依頼するケースもある。

一方で、今すぐに自殺を実行しそうであるという緊急性はないけれども、心のどこかで常に生に対する疑問や苦しさを抱いているケースも多い。日々の話をしている途中で、ぽつりと「なぜ、生きていなければいけないのか」とつぶやかれる。それは必ずしも切実なトーンで語られるばかりではなく、例えばアイドルグループの結成何周年記念のイベントが三年後にあるから、それが終わったら死んでしまおうかな、といったような、このようなものもこじつけというのだろうか、まるで何かにつけて自殺する機会を得ようとしているかにも見えることもままある。

語り口が切実でないとしても、その発言に現れていることが切実でないということではない。おそらくは、常にずっと死への希求があり、それと結びつく何かがあったときに、ふと口をついて出るのだと思う。フロイトの言うエロスとタナトス、生（エロス）への意欲よりも、死（タナトス）への欲求のほうが強い人というのは、一定数いるのではないか。死への欲求を押してなんとか生につながっている、そんな状態の人がいるのではないか、と感じる。二〇二〇年にブームとなった音楽ユニットＹＯＡＳＯＢＩの楽曲「夜に駆ける」の原作小説である星野舞夜「タナトスの誘惑／夜に溶ける」には四回飛び降り自殺を図ろうとする「彼女」が登場するが、その彼女を指して「死に対する欲動―タナトスに支配される人間」と表現されている。小説のようには自殺企図がないとしてもここで言われている「タナトスに支配される人間」は世間には一定の割合でいるように思う。どことなくいつ死んでもよいと思っておられるような、精神的苦痛による安楽死が認められたら、それを希望されるような、生きようという意欲に乏しい人。

小説家で言えば太宰治だろうか。代表作『人間失格』の一節に、

「死にたい、いっそ、死にたい、もう取り返しがつかないんだ、どんな事をしても、何をしても、駄目になるだけなんだ、恥の上塗りをするだけなんだ、自転車で青葉の滝など、自分には望むべくも無いんだ、ただけがらわしい罪にあさましい罪が重なり、苦悩が増大し強烈になるだけなんだ、死にたい、死ななければならぬ、生きているのが罪の種なのだ」（太宰、一九五三）

とある。太宰は二十一歳時、二十八歳時、三十九歳時に自殺を図り、三回目で完遂している。『人間失格』は太宰三十九歳の三〜五月に執筆されており、入水自殺を図ったのが六月であるから、これは最晩年の作品となる。先に引用したのは小説の一部分ではあるが、その中には太宰個人そのものとしての苦しみも描かれているように思われる。この一節を読んでいると、どうあがいても死に向かって引き寄せられるような感覚に襲われる。もう死んでしまうしか他に方法がないような考えに支配され、絶望感で頭の中が塗りつぶされる。太宰が最初に自殺を図ってから十八年以上、もしかしたら最初の自殺企図の前からかもしれないが、波はありながらもずっとどこかに希死念慮があったことだろう。奥野（一九六八）は太宰の二十三、二十四歳頃の作品「晩年」に寄せた解説の中で、太宰がなぜ死にたいと考えていたかを考察している。それは鎌倉での入水自殺未遂のときにつれの女性だけが亡くなり、自分だけ生き残った罪悪感や、マルキシズムの非合法政治運動から受けた傷、非人間的な政治運動への幻滅と仲間を裏切った罪悪感やうしろめたさ、生まれとして農民から搾取する大地主側の自覚といった要因とともに「生来太宰は生きていくヴァイタリティ、エラン・ヴィタールに不足していたと言える」とも述べられている。これはまさに太宰の生きる意欲の乏しさを指しているといえよう。この生きていくヴァイタリティの少なさ、エラン・ヴィタールの不足というのは、生（エロス）の欠乏とも受け取られ、すなわち死（タナトス）への欲求のほうが相対的に強くなるのだろう。

話がだいぶ芸術作品に寄ってしまったが、精神医学でくくれば、死にたい気持ちがある人というのは、うつ病や少なくともうつ状態であったり、過去に辛い経験をされた複雑性PTSDであったり、パーソナリティ障害であったりと何かしらの病名はつくのかもしれない。それでも何とか生きていて、でも毎日心のどこかで死ねたらいいのにと思っている、言葉にする機会がないだけで、うっすら希死念慮がある、このようなケースに出会うと、いつも最初の命題「人は、自ら死を選んではならないのか？」に立ち返る。

考えてみれば、死を希求している人は、人生の、あるいは世界の、または未来の、「何か」に絶望している状態なのだろう。実際に自殺企図をするかという問題とは別に、キルケゴール（一八四九）の言うところの絶望しながらも死ぬことができない「死にいたる病」に支配されているということなのかもしれない。それは自覚されているとも限らず、何に絶望しているかも定かではない。先行きのなさや閉塞感、未来への展望が失われていること、それらはすべて、「絶望」につながっていく。絶望は根強い。静かにはびこって、いつの間にか心の全体を侵してしまう。

そもそも、人はなぜ生きていなければいけないのだろう。積極的に死を選ばないとしても、そうかといって生きることにことさら積極的になることが、筆者にはとても難しい。奥野の言うところの「エラン・ヴィタールの不足」とでも言おうか。死なないで生きている方がむしろ不思議に思う、という感覚が、他人事でなく自分の心の底にあるからこそ、筆者は自殺について、単純に否定することに戸惑いがあるのかもしれない。ただ、自殺を否定しないままに自殺を止めるということはどうしても自己矛盾がある。職業として、役割としては自殺を止めるべきであるし、もしそれをしなかったとしたら職責として許されることでもないのだが、生きることや死ぬことを自分の身にも起きることとして考えたときには、全面的に大手を振っては自殺に反対できず、どこかで「死にたいと感じるのもやむなし」と思っている自分がいるのだ。

そのように感じながら、自殺を止めるというのはなんと上っ面なのだろう。自分は生きていることそのものに疑問を抱いているのに、同じように生きていることに疑問を呈されて、それを否というのは、言葉は強いが相手への裏切りのようにも感じる。そうは思いながらも、目の前で死にたいと言われたら、死んでほしくないとも思い、生きるのは確かに辛いだろうとも思い、死んでしまったら楽になるのかとも思い、相反するそれらの中で、何と対応すればよいか悩みながら、自殺の緊急度のアセスメントを行うのであった。

Ⅳ ショウペンハウエル『自殺について』

そんなときに、われらが「りんてつ」こと「臨床哲学勉強会」で読むことになったのが、ショウペンハウエル『自殺について』(一九五二)であった。この課題図書を推薦したのは筆者自身で、他の参加者の死生観を聞いてみたかったからでもある。

ショウペンハウエルは十九世紀の哲学者である。元は医学生として学校に入っているが、自然科学と歴史を学び、さらに哲学、ことにプラトーンとカントの研究を行った。その後、東洋哲学の研究も一時期していたとされている。この『自殺について』は晩年の著作である『パレルガ・ウント・パラリポーメナ』の一部である。

この『自殺について』では、旧約聖書でも新約聖書でも、自殺は非認(ママ)されておらず、ユダヤ教のみが自殺を禁じていると冒頭で述べられる(これは十九世紀のキリスト教に準拠していて、現代のキリスト教の自殺観とは異なる)。そして古代ローマの例を引き、やはり自殺に対して肯定的な見方を示す。しかし、最後にショウペンハウエルは自殺を止めるのである。ショウペンハウエルは論を尽くして、自殺を断罪することを非難する。自殺することは責めない。それでも、ショウペンハウエルは皮肉に満ちた文章で自殺を止めるのだ。

臨床の中で、死にたいと語られるとき、そしてその理由を聞くとき、確かにいっそ生を終わりにすることができたなら、この方自身はおそらく安寧を得るのだろうと思うケースがある。事故に遭い妻を亡くしました……酷い事件に巻き込まれて、いっそ殺された方がよかったと思います……眼の前で友だちが死ぬのを助けられませんでした……。それでもなお、自ら死ぬなかれと私は言えるのか？　苦しみの中で、それを背負って生きていこうと言えるのか？

他人にとって充分と感じられる理由でなくとも、どんな理由であれ自殺したい人を止めるということは、精神的苦痛の中で生き続けることをその人に求めるということだ。それは相当に責任のあることだと感じる。

職業上、心理職には自殺を抑止する職責がある。病のせいで死にたいと思っているだけで、寛解すれば死にたい気持ちが薄れることが予測されるのにもかかわらず、死んでしまうのは確かに惜しい。人生の今の山場を越えれば、何とか肯定的に人生を捉えて生きていける可能性のある人たちも多い。時間薬という言葉があるとおり、一定の時間が経過することで、薄皮を剥がすように苦痛が和らいでいくようなこともあるだろう。ただしこれらはすべて未来の話であって、今この瞬間の辛さとはまた別のことだ。もちろん、今この瞬間の辛さを抱えている人にとって、先のことを考えることは至難である。第三者だからこそ、先の見通しを示すことができるし、希望をその中に見出すこともできよう。それこそが自殺抑止のゲートキーパーの役割でもある。

ショウペンハウエルが自殺を止めているけれども、自殺することを非難していないのは、人が、その瞬間の辛さに負けることもあると認めているからではないかと思う。人の弱さに寄り添う、そのプロセスがなければ、本当に単純にただ自殺を禁止することになってしまう。技術として、確かにそれは可能なのだろう。迷いなく、自殺は止めるべきであると考えているとするならば、もっと明確に、もっと強く抑止することもできるかもしれない。そして本来は、それがあるべきゲートキーパーとしての姿なのかもしれない。そうできない自分は、臨床的には望ましくないのかもしれないと考えることもある。

結論としては、ショウペンハウエルに励まされながら、自殺を断罪はせず、しかし筆者は自殺を止めることとなった。結局のところ、これだけ考えても一周回ってやることは同じで、自殺のリスクのアセスメントをして、必要な対応をするだけで、やっていることは何も変わらないのだった。

さて、ショウペンハウエルの『自殺について』を読むことで、筆者は変わらなかったのだろうか。ショウペンハウエルの『自殺について』はとても短く、ほんの数十ページの小編である。読もうと思えばあっという間に読めてしまうその数十ページをかつて読んだことがなく、また自分一人では当面読む予定もなく、このまま生きていくことは充分にできた。臨床哲学の勉強会に参加していたから、たまたま読むめぐりあわせになった。

今も、自殺の是非はわからない。ただ、筆者は自殺を止めることをする。ショウペンハウエルの皮肉のように、自殺を手際の悪い実験だと言うつもりはない。でも、ショウペンハウエルのしたように、何だって理由をつけて、自殺はとりあえずやめておこうとこれから伝えていくのだと思う。それと同時に、生きることを勧めるのであれば、今現在の精神的苦痛に直面してなお生きていくことを支える義務が芽生える。ゲートキーパーとしての役割というのは、自殺をその瞬間に止めるだけではなく、その先のことも本来含むのではないだろうか。自殺を止めるなら止めるなりに、止める側にも覚悟は要る。止めるなら、自分も生きていなければならないということにもなろう。

ショウペンハウエル『自殺について』を扱った「りんてつ」では、いつもどおり、誰かが本のレビューをし、本から触発された話をそれぞれがしていた。それらは思索に富んではいたものの、これはぜひ明日の臨床に即座に活かそうなどということは、あまりなかった。心理臨床の研究会や勉強会、研修会ではないので当たり前ではあるのだが、「りんてつ」のこの「即座に役には立たない」ところが、ある意味で自分自身の思索を保証してくれるような部分がある。即座に役に立つというのは魅力的に見えて、実際のところ表面上の変化を生むだけのことが多く、本質的に自分の在り方を変えていくものではない場合もままある。とはいえすべてがそうでもなく、ベクトルが異なるだけで、すぐに役に立つものを受け入れて表面が変わってから徐々に自分自身の内側へと浸透していくこともある。外から変わるか、内から変わるか、いつかは自分自身として一体となっていくのには違いない。哲学的思索がすべてではないのと同様に、臨床的学びがまたすべてでもない。

ちなみに、「りんてつ」の構成メンバーとは、死生観を同じくすることはできなかった。どちらかというと生（エロス）への意欲が高い人たちのほうが、多かったようだ。もっと訊けばちらほらと死（タナトス）への欲求も出てきたかもしれないなとは思う。この二つは表裏になっていて、常にどちらかが強い人もいるだろうが、そのあわいで揺らぐ人もまたいておかしくはない。

臨床の場に立っていると、不思議と「りんてつ」で聞いた世の中の話や誰かの仕事の話が頭をよぎることがある。すぐに臨床との関連に気づくこともあれば、一体どうして今そのことがよぎったのか、心理面接が終わってからしばらく考え、それでやっと頭をよぎった意味に気づくこともある。もちろん、結局よくわからないまま、心のどこかに引っかかりつつその後の面接を進めることもまたある。

ただ、一度ぐっと集中して読んだもの、頭を使って論じたこと、他の人の考えに触れたこと、それによって拓かれた心の一部分が、臨床の場に立っている筆者の存在を支えてくれているのは確かだ。ショウペンハウエルの『自殺について』を読んだからと言って、自殺について対応するときに迷わなくなったとは到底言えない。変わらず悩み、変わらず迷い、あくまで暫定の小さな結論に則って、一つひとつの言葉を発しているのには何も変わりがない。ただし、どこか落ち着いて悩み迷っている。悩んだり迷ったりしてもやむを得ないような領域のことだから、と思う。そして自殺をそのときに抑止する、それに留まらず、小浜逸郎（二〇一一）の『生きることを考えるための24問』に出て来る「人に生きる意欲を与え、自殺を簡単にはさせないようにしている原理的な条件は何か」という次の問いに進むことにはなったのだ。「りんてつ」で扱った順としては、『生きることを考えるための24問』のほうが先であったが、先に読んだ本が後々になってまた新たな問いとして立ち現れてくるところも、非常に「りんてつ」らしく面白いところである。必死で考えたことというのは、頭から過ぎ去ったあとでも、ふとしたきっかけで戻ってくるものであるらしい。

V 「りんてつ」と私

哲学的思索を行ってみたいと、奥村茉莉子氏とごく小規模に始めた読書会とも勉強会ともサロンともつかぬ集まりが、発足から十年経つと言う。十年一昔とはよく言ったもので、いくつかのライフイベントがこの身に起こり、仕事のキャリアもほんの僅かながら積んだ。人生の針が十年分進むその傍らで細々と続けていた「りんてつ」で行っていることというのは、わかりやすくもなく、即効性があるわけでもない。かといって、完全に観念的で現実とは全く離れてしまっているということでもない。いろいろな立場の、さまざまな職種の、それぞれの観点からの生きた話を聞き、触発されて自分の思考が深まる。あくまで現実に根ざしたそれが、「りんてつ」が哲学でありながら「臨床」の名を冠している所以であろう。扱ったテキストとしては臨床にこだわらず、オーソドックスな哲学の本も挙がっており、中にはあまりにも形而上学的過ぎて、日本語で書かれていながら「これは本当に日本語なのだろうか」とぼやきながら皆で読んだ本もあった。難しかった課題本の勉強会の開始前には、誰が最初のレビューをするのかと押し付けあう姿もあった。それだけではもちろんなく、触発されて参考図書と称して二冊目三冊目を読むこともあった。会の発足当初メールで行っていたやり取りは、日程の調整程度でしかなかったように記憶しているが、今やＬＩＮＥでそれぞれの読書の進行状況を報告しつつ、勉強会の前哨戦のように、早々に議論が始まりそうになり、これはフライングだと苦笑しながら切り上げることすらある。

普段の仕事は、心理職という職業上、どちらかといえばインプットに近く、心理面接の最中にクライエントの話を聞いて考えることに自己の内面は忙しくとも、それを外に出すことは相手にどのような影響を及ぼすのかを気にするゆえに非常に慎重にならざるを得ず、必然的にアウトプットは総量が少なくなる。アウトプットの機会が少ないと、段々とそれに体が順応してしまって、考えたことの数割しか表現しないのが通常のことになってしまった。家庭ではそれほど話さなくなり、まして仕事の内容は家族に話すわけにもいかず、元々はよく言葉で表現するタイプであったのに、家で黙っていることが増えたと思う。クリニックで担当している業務は心理面接だけではないので、デイケア業務やリワーク業務など、自分から積極的に話すこともあるが、普段会っている人からそうは見えていないだろうけれども実は話した後ものすごく疲れてしまうようになった。テーマが決まっている中で決まったことを話すのはまだよいのだが、まっさらな中で自分の考えを述べていくのは骨が折れる。何も感じていないわけでもなく、むしろ過敏なくらいに心が反応はしているのだが、どうにも言語としてのまとまりで表現するのが難しいのだ。試しに発言してみると、心で感じているのとは全く違った方向に行ってしまうことが多くなった。それが言いたいのではないのに、あまりにも端的になりすぎたり、冗長になりすぎたり、コントロールが効かないピッチャーのように、投げた球があっちに行ったりこっちに行ったり、途中でボールが落ちてしまうことだってある。

そのようにアウトプットに苦手意識ができて、ともすればアウトプットを求められる場からそっと離れていきそうな自分にとって、「りんてつ」は自分自身にコミットメントして自己表現する貴重な機会でもある。十年も続けると、内容の理解が追いついて来ているかは横においておいても、本の読み方はわかってきたと思う。特に、その著作が書かれた時代背景や文化背景を考慮した上で、作者が社会的な軸のどこに位置しているか意識して読むようになったのは、筆者にとっては大きな変化であった。四苦八苦しながら、そして励まし合いながら哲学やそれに類する本を読み、手探りで自分の考えを他の人に向かって発信していく作業は、自分の在り方が少しずつ変化していく様を、鏡に映すように本に映して見ているかのようだと思う。

〈参考文献〉

蝶名林亮（二〇一七）「自殺の悪さについての哲学的な議論の調査」社会と倫理　三二、五七－七六頁
太宰治（一九五二）『人間失格』新潮文庫

星野舞夜（二〇二〇）「タナトスの誘惑／夜に溶ける」『夜に駆けるＹＯＡＳＯＢＩ小説集』双葉社
木村文輝（二〇〇八）「『自殺』を是認する仏教の立場―『人間の尊厳』の具現と安楽死問題」生命倫理　一八（一）、一五八－一六五頁
セーレン・キルケゴール［斘田啓三郎訳］（一八四九）『死にいたる病』ちくま学芸文庫
児玉真美（二〇一九）「『死ぬ権利』と『無益な治療』命の選別と切り捨てへの力動の両輪として」科学技術社会論研究　一七、五五－六七頁
小浜逸郎（二〇一一）『生きることを考えるための24問』洋泉社
厚生労働省自殺対策推進室（二〇二〇）「令和元年中における自殺の状況」厚生労働省（https://www.mhlw.go.jp/content/R1kakutei-01.pdf）
厚生労働省自殺対策推進室（二〇二一）「令和2年中における自殺の状況」厚生労働省（https://www.mhlw.go.jp/content/R2kakutei-01.pdf）
日本精神神経学会精神保健に関する委員会（二〇一三）「日常臨床における自殺予防の手引き」社団法人日本精神神経学会
奥野健男（一九六八）「解説」（太宰治『晩年』）三三三－三四一頁、新潮文庫
ショウペンハウエル［斎藤信治訳］（一九五二）『自殺について　他四篇』岩波文庫
特定非営利活動法人メンタルケア協議会（二〇一四）「ＪＡＭ自殺リスクアセスメントシート Version7」
特定非営利活動法人メンタルケア協議会（二〇一四）「ＪＡＭ自殺リスクアセスメントシートの用い方 Version3.」
鶴見清（一九九三）『完全自殺マニュアル』太田出版

第5章　職場に哲学を加えると

小林　真記

プロフィールとまえがき

通信講座の企画運営会社に新卒で入社し十七年半勤務。コーヒーの小売会社に転職し、二年。自社で取り扱う商品の広告、チラシ、カタログ、Ｗｅｂサイトの商品ページなどの制作を行ってきた。

臨床哲学の勉強会「りんてつ」に参加してからは十年あまり。難しい課題図書には全く歯が立たないが、それでもどうにか理解できた部分や考えるきっかけになったことを、自身の仕事内容を通して振り返ってみたい。

Ⅰ　想像力不足を補う

1　仕事内容①　広告制作

新卒で入った会社では通信講座の広告制作を担当した。「通信講座」というとイメージがわかないと思うので、商品、ターゲット、掲載媒体の一部を紹介する。

【商品・顧客属性・媒体の例】

電子工作講座	小学生男子	例：コロコロコミック
まんがの描き方講座	中学生女子	例：少女コミック、花とゆめ
ネイリスト講座	二十〜三十代女性	例：ネイルＭＡＸ、ネイルＵＰ！
薬膳講座	三十〜四十代女性	例：おはよう奥さん、新聞各紙
絵画講座	六十代以上男性	例：ジパング倶楽部、新聞各紙
文章講座	六十代以上男女	例：週刊女性、新聞各紙

ターゲットの属性によって、使われる言葉が文体が、同じ日本語かと思うほどに異なる。デザインも媒体によって別世界のようだ。例えば小学生男子向けに広告を作る場合、「まじ」「すっげ」などの口語を使用し、デザインにあたっては赤・青・黄色などのハッキリとした配色を心がける。編集記事に埋もれないようにするためだ。これがネイリスト講座になるとキラキラとしたイメージの画像もとり入れつつ、テーマは「手に職」「好きを仕事に」などと堅実なものになる。シニア向けの絵画講座は掲載媒体となる新聞紙面がモノクロであることから、キャッチコピーの勝負。短く印象的な文言、文字サイズは「大きめに大きめに」とつぶやきつつ構成する。

とにかく属性の幅が広かった。いずれの場合も商品の特性をふまえ、顧客について想像し、掲載誌も参考にしながらそれぞれの属性で親しまれていると思われる言い回しやデザインを探り探り作る。当時の自分自身の属性や趣味に近いまんがの描き方講座などは作りやすかったが、これが遠くなればなるほどやりづらくなっていった。

通信講座の学習は非対面、多くが郵送のやりとりで行われた。制作部門に所属する者が顧客と直接話したり、顔を合わせる機会はほとんどない。親兄弟や友人、同僚、テレビや雑誌、小説などもヒントに顧客像を想像して何とかやりくりしてきたが、特に自分より年齢が上の属性に向けて書くのは難しく、目立つヒット広告を生み出すことができなかった。

折に触れて思い出す上司の言葉に「私たちが売っているのは通信講座の教材ではない。学習後に〝なりたい自分〟〝いまよりちょっとよくなった自分〟の姿を売っているんだよ」というものがある。自分が達していない年齢、未知の趣味嗜好をもつ人たちの「なりたい自分」とはどんなふうだろうか。どういう言葉を選べばその「なりたい自分」を想起してもらえるのか。そもそも世の中の人はどういう時に通信講座で学ぶことを求め、そこにお金を払うのだろう？　想像力が及ばない、どうしたものかと常にうっすら思っていた。それは人間理解への欲求のようなものを常にうっすら抱えているということで、それが臨床哲学の読書会「りんてつ」に参加し続けた理由の一つだった。「りんてつ」で問われるのは「あなたならどうする？」ということだと解釈している。他の参加者の「私ならこうする」を聞くことは、思いもよらない発見があり、視野の広がりにつながった。自分で課題図書を読むだけではこうはいかない。それがどれほど直接的に仕事に活かされてきたか測ることは難しいが、ものを書くときの姿勢を補強してくれていると感じている。

次の節からは、広告制作と並行して取り組んできた仕事と転職後に担当することになった仕事の内容、そこに課題図書から得た気づきなどを混ぜ合わせて、職場での「りんてつ」的営みについて述べたい。

Ⅱ　答えを持っておく

1　仕事内容②　自費出版のお手伝い

通信講座の会社で広告制作と並行して取り組んだのが、文章講座の顧客の作品発表の場を提供する仕事、自費出版のお手伝いだった。一人で本を出すほどの予算がない人、書き始めたばかりで原稿量が少ない人も参加しやすいよう、約百人分の原稿を集めて一冊の本を作る。その編集作業を担うことになった。

就職活動をしていた時に出版社を志望していたこともあり、本をつくることができるのはとても嬉しかった。一冊の本ができあがると達成感があり、顧客にも喜んでもらえる。憧れの仕事に関わることができて感無量だった。

表紙のデザインは花の写真を使うことにした。顧客に女性が多かったこと、また花を嫌う人は少ないだろうと思ってのことだ。一冊目はシャクヤクでおおむね好評を得たが、二冊目にハスを選んだときだった。「とても素敵です」という声がある一方で、「死を連想させる」「お線香のパッケージみたい」「仏教色が強くて違和感」等の意見が寄せられて物議となり、大いに反省するところとなった。三冊目、四冊目と刊行するうちに「次の表紙は何の花ですか？」と気にする声も聞かれるようになったため、案内カタログ上に「次の表紙はこの花」とあらかじめ予告したり、事前にアンケートをとるなどしてこの問題については一応の解決を見た。

他にも意見や要望は寄せられ続けた。コミュニケーションに苦手意識を持つ筆者には荷が重く、慣れないうちは電話がくるととても緊張していた。社内で広告制作をしている分には、あまり多くの人間と関わらなかったからというのもあった。上司と同僚、広告代理店や印刷会社の営業さんくらいのもので、人間関係が限られている。それが、この本作りに関わる間は一気に百人とやりとりをすることになる。最大公約数はどこにあるのかと耳を澄ませながら百人分の意見を調整する日々になった。

2　マイケル・サンデル『これからの「正義」の話をしよう』

りんてつの最初の課題図書に選ばれたマイケル・サンデル『これからの「正義」の話をしよう』（早川書房、二〇一〇）。第1章「正しいことをする」の中に〝暴走する路面電車〟の問いがある。あなたが運転している路面電車のブレーキが故障し、このまま走れば作業員五人を轢いてしまうのが確実だ。しかし電車を待避線に向ければそこには作業員一人、轢くのは一人だ。あなたはどちらを選ぶのが正しいと思うか？　というもの。これに対し筆者は「人数が少ないからといって犠牲にしていいのか」「そもそもなぜそんな怖いことを考えなくてはならない？」「そんな決断を迫られるような立場になりたくない」と、答えを出さなかった。

人の生死がかかったこのおそろしい問いにくらべたら「表紙のデザインにどの花の写真を使うか」なんて大変に呑気なものだが、ただそれが仕事となれば棚上げしておくことはできない。楽しみに本を待ってくれている人がいるし、何しろ予定した期日に刊行しなければ、売上がなくなってしまう。そしてハスを選んだからには、顧客に「どうしてハス？」と聞かれた時にその理由を説明できなくてはならない。当時は「きれいな写真だからいいと思った」という、あきれるようなものしか持たなかった。ハスに抱かれるであろうイメージを頭の片隅に思い出さないわけではなかったが、不愉快になる人がいるとまでは考えいたらなかった。自分の作品が載る本の表紙に書き手がどれほど思い入れを持つか、ということにも。

とにかく「季節に合わせて」でも「アンケートで人気」でもなんでもいい、想定される問題に対し何らかの答えを持っておくと対応に困ることが減った。と、こうして書くとあまりにも当然の準備をしていなかったようで恥ずかしいが、この一連の仕事を経て哲学的問題についても同じなのではないかと思いいたった。

〝暴走する路面電車〟ほど抽象的な問いでなくても、選挙であったり、災害避難であったりといった場面。一度考えて答えを持っておくことで、少なくとも迷いは減り、対応への冷静さが変わってくるのではないか。答えが浅かったり拙かったりしても、一度何らかの答えを持ったことがある、というのが大事だ。過去に自分が何を考え、誰かの意見を聞きあるいは聞かず、どういった情報を参考にしたりしなかったりして答えを出したか。その蓄積は、のちに再び問題に直面したときに対応力と少しの落ち着きをくれる。繰り返すうちに答えが少しずつ磨かれていればなおいい。

だからといって実際に〝暴走する路面電車〟の運転席に座ったら、パニックを起こさない自信はないが。

Ⅲ　時候の挨拶も尽きる

1　仕事内容③　メールマガジン

転職したコーヒーの小売会社で担当することになったのがメールマガジンだ。新たに入荷したコーヒー、セール品やおすすめ品についてお知らせするもので、週に一回A４用紙数枚分のテキスト原稿が必要になる。会社にはコーヒーに加え、ドリッパーやミルなどの関連器具、食品類などを含め数千点にのぼる商品ラインナップがあるため、ネタにはこと欠かないはずだった。実際、どの商品について書くかという構成案はすぐにできあがる。悩むことになるのは、どういった調子で書くか、また書き出しの挨拶文に何を書くかということだった。

前職では、商品と媒体によっておのずとターゲットが絞られていたので、その点で迷うことはなかった。どういう調子で書くかは掲載媒体がとても参考になったし、ともかくもターゲットに寄せればいい。しかしメルマガのターゲットには「Ｗｅｂサイトを閲覧して配信を希望した人」という共通点があるのみなのだ。繰り返しになるが、コーヒー関連というくくりがあるとはいえ、数千点にのぼる幅広い商品があり、コーヒー百種類以上、紅茶も百種類以上、パンやお菓子、シロップにミルク、一見して何に使うのかわからないようなマニアックな器具から数十万のコーヒーメーカー等々。その中のどれに興味を持ってＷｅｂサイトに来たのかわからない。メルマガ配信を希望する理由も。年齢層は十代後半から八十代、男女比率もやや男性が多いというくらい。もちろん個々の商品にしぼれば「高額で大型の全自動コーヒーメーカーは悠々自適な七十代以上向けかな?」といったようにしぼられてくるが、メルマガには多様な商品を掲載するし、冒頭に挨拶文が必要だ。人間像が見えないまま、誰に向けて書くのか定まらないままに書き始めることになってしまった。

顧客相手だからと慇懃に書くと、どうしても長く読みづらくなる。かといってフランクさが過ぎれば癇にさわる人もいるはず。試行錯誤するうちに「年上の方を含む職場の同僚との雑談」「仲良くなりたい人に使うくだけた丁寧語」という調子に落ち着いていった。ターゲットの人間像を身近な「同僚」と定めたおかげで、とても書きやすくなった。

書き出しの挨拶文は、それこそ「同僚」と挨拶をするように時候の話題から。「朝晩冷えるようになってきました。温かいコーヒーの美味しい季節ですね」「厳しい残暑がこたえますね。スッキリとしたアイスコーヒーで喉を潤してください」といった具合。しかし配信頻度は週に一回である。二十四節気を活用してもまだ足りない。会社生活の徒然などを書いたりもしたが、これもそうそう続かなかった。担当して数カ月、早くもネタに困り始め、挨拶文はマンネリ化していく。

そんなとき励みになった課題図書が『居るのはつらいよ』(医学書院、二〇一九)だった。

2　東畑開人『居るのはつらいよ』

「セラピー」に魅了された京大卒の「ハカセ」が、沖縄の精神科デイケア施設に職を得て「ケア」の現場に打ちのめされる日々を綴ったエッセイ風の学術書。「りんてつ」に複数いる臨床心理士の参加者にとってはおなじみの風景が描かれているようだったが、門外漢の筆者にとっては「いろんな仕事があるものだなあ」と社会科見学をしているような面白さがあった。以下、第4章「専門家と素人　博士の異常な送迎」から引用する。

「僕はセラピーの専門家になりたいと思って沖縄にまで来た。心の深い部分に介入できる専門家になりたいと思っていた。だけど、デイケアで働くと同時に外来でセラピーの仕事をするなかで、僕は「あえて」心の深い部分を扱わないセラピーをすることを始めていた。精神病やパーソナリティ障害のような、重篤なクライエントに対して、深いところを掘り下げるのではなく、日常を支えることに価値を感じるようになっていた。僕はケアの入り混じったセラピーをするようになっていたのだ」(東畑、二〇一九)

ハカセはお昼ごはんの準備や利用者の送迎などの「素人仕事」への葛藤を抱えながらも「セラピー」と「ケア」について認識を新たにし、「ただ、いる、だけ」の価値をかみしめるようになる。

読み進めながら「セラピー」と「ケア」は、自分の仕事にも通じるところがあると感じていた。潜在顧客に資料請求や購入などの衝動的行動を促す、新聞や雑誌などのマス媒体広告。一方、継続顧客に定期的に送信するメールマガジンは、その日常に寄り添い、関係を築くもの。筆者自身の仕事に置き換えれば広告はセラピー的仕事、メルマガはケア的仕事なのだった。

新聞広告の小さな枠だとキャッチコピーは十文字ちょい、本文は二百文字程度。この文字数で潜在顧客の目にとまり、なおかつ「資料を請求する」という行動を促さなくてはならない。一文字も無駄にしてなるものかと、それはもう練りに練って一球入魂のようなテンションで書く。どうすればより見やすいかと、文字の配置なども〇・一ミリ単位で目がかすんでくるほどこだわったりする。高い広告費をまかなえるだけの売上、粗利が出なければ、その広告原稿は二度と使われない。使われない広告を作り続けていれば、いずれ制作の仕事からは外されるのが通例だった。

筆者は転職当初、前職でしていた広告制作をするテンションでメールマガジンに取り組んでいた。「売らなければ」という気持ちが強く、一言一句に神経を尖らせたり、個々の商品の使用場面を情感ありげに描写したり、暑苦しくコーヒーの来歴や器具の性能を語ったりしていた。しかし挨拶文がマンネリ化してきても売上にあまり影響がないということがわかってくる。継続顧客に必要とされているのはそういうことではなかった。セール会場ページへの入口を正しく設けること、個々の商品ページへの誘導を適切に行うことに尽きた。「なにをご入用ですか?」「お困りのことはありますか?」とさりげなく声をかけ、「それでしたらこちらのフロアへどうぞ」と売り場へ案内するのがメルマガの役割だった。毎週欠かさず送られてくることそのものも重要だ。

『居るのはつらいよ』でていねいに描かれる「ケア」、「ただ、いる、だけ」の価値について味わうことで、メルマガの挨拶文はマンネリで構わない、日常の一部に溶け込むような文章を書き続けようと気持ちが定まっていった。

Ⅳ　葛藤は脈絡なく訪れる

1　コロナ禍の販促

メルマガの挨拶文のマンネリ化にふんぎりがついた頃、世の中は新型コロナウイルスの感染拡大に騒然となっていた。

最初の緊急事態宣言が発出された二〇二〇年三月前後から会社の売上は急増する。外出自粛で自宅でのコーヒーの消費量が増え、在宅勤務の増加で手間なく淹れられるコーヒーメーカーなどの需要も高まったようだ。パンやお菓子を大量購入するのは休校の影響で子どもの食事を用意することが増えたご家族だろうか。さまざまなキーワードで検索し、Ｗｅｂサイトにやってくる顧客属性はますます多様なものになっているだろう。医療従事者、エッセンシャルワーカーとして働く人。休業を余儀なくされる人、職を失う人。そして感染した人やそのご家族がいてもおかしくない。

厳しい状況にいる人にメルマガなど読むような余裕はなさそうなものだが、束の間の休憩時間に目にした文章で不快な思いをさせては申し訳ない。なるべく誰も傷つけるようなことのないようにと気を配りながら、しかし欲をいえば少しでも和んだり、楽しい気持ちになってもらいたいと念じながら書き続ける。

しかしテレビやネットで世の中の状況を目にしていると、自社の売上急増に罪悪感を覚える。需要があるのだからお役に立てて嬉しいと思えばよさそうなものだが、こんなに大変な状況の人がたくさんいるのに楽しげに新しいコーヒーのことを語っている場合なのだろうか。仕事であるにもかかわらず、販促すること自体が不謹慎なことに思えてくる。などど葛藤する間にも、コーヒーは飛ぶように売れていく。

りんてつの課題図書に『ペスト』（新潮文庫、一九六九）を提案したのはこの頃だった。

話題になっていたからというだけで提案したのだが、ペストが蔓延する封鎖された街にはパニックが起こり流言飛語が飛び交い、と緊急事態宣言下の状況と共通する点がいくつも見られ、素朴に驚いた。例えば次のような描写だ。

「ハッカのドロップが薬屋から姿を消してしまったが、それは多くの人が、不測の感染を予防するために、それをしゃぶるようになったからである」

「彼はそれに、旅行者はそれからまだ長い間、この町に寄りつかないであろうと確信していた。今度のペストは観光旅行の破滅であった」

一体なんなんだろうか、この既視感は。まさに、店からマスクやトイレットペーパーがなくなりメルカリで高値で転売され、旅行会社や観光地、飲食店の当事者がテレビで苦境を訴えているところなのだが。もちろんたくさんの資料や取材がベースにあって、想像だけを頼りに書いているわけではないだろうが、それにしてもこれは本当に小説か。ノンフィクションの間違いではなく？

物語はアルジェリアのオランという港街を舞台に、医師のリウー、神父のパヌルーといった登場人物たちがペストという「不条理」と相対し、それぞれがいかに振るまうかが描かれる。「あなたがこの人の立場ならどうする？」と問われているような、りんてつにうってつけのストーリー展開に思えた。しかしこの『ペスト』に限ってはどうもそこに集中できない。普段小説を読むときも登場人物たちの心理描写や会話のやりとりに注目するのだが、それよりも先に引用したような背景としてさし挟まれる市民生活の描写の方が気になった。

医師や神父のように、職業倫理や信仰のあり方など、差し迫ったものを問われることのない市民の反応は忙しない。閉鎖された街からの脱出を試みたり、恋人に会いたいと嘆いたり、暴動を起こしたり、宗教にすがったり、楽観的になって飲んだり、医師を質問攻めにしたり、自分には降りかかるまいとたかをくくったり、家族が感染して絶望したり、収束に喜びを爆発させたり。それらは、仕事をしたり家事をしたり病人の世話をしたり、あるいは失業して暇を持て余したりという生活の合間に行われている。生き残った者による生活が崩壊する様はついに描かれない。

やおら大正元年生まれの祖母の昔話を思い出していた。戦後、故郷の山形から貴重な米を分けてもらい東京の家へ戻る汽車の中、見廻りでやってきた警官に目をつけられたという。荷物の上では幼い娘が眠っている。「その荷はなんだ、米だろうがっ！」と娘に手をのばした警官の前に立ちはだかり「この子は病気なんだ、乱暴に起こしたりして悪化して死んだらどうしてくれるっ！」と怒鳴り返す祖母。さらにまわりの乗客らが「そうだそうだ！」「おばちゃん、がんばれっ！」と一斉に味方してくれてちょっとした騒ぎとなり、警官は退いていったのだとか。いやいや実際闇米なんだし、娘は病気でもないし、起こしたところで死ぬわけもないしで、もうたいがい無茶苦茶なのだが。炬燵に座って「武勇伝」を語る祖母は得意げだった。

ペストが流行ろうと戦争が起ころうと、残された者の生活は続く。生活に必要なものが供給されなければ、戦後の闇市などいずれ非合法な売買に頼らざるをえない。あまりに楽しそうに語るものだから今日まで深く考えることがなかったが、祖母も家族を養うため必死だったはずなのだ。物があふれているはずのいまもネット上ではさまざまなものが定価とかけ離れた高値で売り買いされたりしている。

コーヒーは必需品に近いが、それがたとえ贅沢品であろうと顧客にしてみれば欲しいから買うのだ。違法でもなんでもない売買が活発に行われていることは、むしろ喜ばしいことではないか。『ペスト』の背景に散りばめられた市民の、そして祖母のたくましさを思い出すにつれ、販促への罪悪感や「こんなこと書いている場合なのか」という地に足がつかないような感覚は薄れていった。

V　もやもやを和らげる

ここまで仕事内容について述べてきたが、この節では会社員が職場で直面する「もやもや」に触れたい。

1　人事評価

まず人事評価について。どなたも一つくらいは思うところがあるのではないだろうか。むしろ万人に共通するものであってほしい。不平不満が爆発してどうにかなりそうだったのは、自分だけではないと思いたい。

筆者にとってそれは、最初の会社に入社して数年後、遊んでばかりいる社員が昇進するという形で訪れた。「あの人が評価されるというなら、私のいままではなんだったのか」と自分まるごと否定されたようなショックを受けた。仕事が順調で調子に乗っていた頃合いだったこと、その社員との折り合いが悪かったこともあいまって「なんでよりによってあの人が」と腹が立って仕方なかった。

不平不満でぶんむくれの自分とどう折り合いをつけたか。特効薬のような何かがあったとは記憶していない。それは衝動的に試みた転職活動に失敗したり、自分の仕事に忙殺されたり、例の社員の経験が活かされたらしい仕事を目にしたりするうちに少しずつおさまっていったように思う。

それから十年以上の月日を経て、「なんであの人が」と思われてもおかしくない条件で転職することになった。過去の自分が抱いたような感情を周囲の人から向けられれば居心地悪いに違いない。仕事中に遊ぶようなことこそないが、筆者がいまの待遇にふさわしいかなんて周囲にわかるわけがない。何しろ自分自身にもわからないのだから。最初の数カ月は勝手に針の筵に座っているような気持ちでいたが、これもさしたるきっかけもなく少しずつ気にならなくなっていった。

2　石川善樹×吉田尚記『どうすれば幸せになれるか科学的に考えてみた』

前の職場に、会社や同僚に対する愚痴をこぼす先輩がいた。筆者も不平不満が爆発していた頃だったので「ほんとですよね」「あれはないっす」と、飲み会は大いに盛り上がったものだ。おかしいと思っているのは自分一人ではないという嬉しさ、安心感もあった。しかし、不平不満は言えば言うほど気が晴れるどころかもやもやは大きくなっていく。重いものが胸を埋め尽くしていく感覚があり、飲み会の帰り道はきまってへとへとになった。この時間は一体なんなのだろう。体感としてそれは「もやもや」を反芻して増幅する行為だった。

時が経ち、懲りずにランチで愚痴をこぼし合っていた同僚からふいに「どうやってそれだけモチベーションを保っているんですか」と聞かれたことがある。その時は「いや保ててないって」と返したのだったか。モチベーションなどかけらも持っていないと自分では思っていたのでちょっと驚いたのだった。

りんてつの課題図書『どうすれば幸せになれるか科学的に考えてみた』（ＫＡＤＯＫＡＷＡ、二〇一七）を読んで、筆者がモチベーションを保っているように見えたとするなら、それは仕事に没頭していたからかもしれないと気がついた。第6章「人の幸せは科学で分解できる」の序盤に次のようなやりとりがある。

「吉田　快楽だけじゃ幸せになれないですよね。ものすごく当たり前のことを言いますけど、幸せとお金は連動していないと思う。仕事とか、自分がやったことに対する報酬って、ふつう「お金」ですよね。でもお金じゃなくてもいい。例えば、ダイレクトに脳を刺激して快感物質を出すことができるとするなら、その刺激がそのまま報酬になる方が、お金よりずーっとわかりやすいと思うんですよ。

石川　何かを「やる」というプロセス自体が報酬だったりしますよね。

吉田　そうなんです！　没頭できたり熱中できたりすることが何かあれば、人生は楽しいですから。」（石川・吉田、二〇一七）

『どうすれば幸せになれるか科学的に考えてみた』は、予防医学研究者の石川善樹氏と、ニッポン放送アナウンサーの吉田尚記氏の対談で構成され、「幸せとは何なのか、どうすれば幸せになれるか、実践可能な形で教えます」という本。

筆者は幸せとお金は連動している部分が大いにあると思うし、快感物質による刺激が報酬になる方がわかりやすいというくだりがどうもしっくりこなかったが、プロセス自体が報酬になりうることと、没頭できれば人生楽しい、という部分は「たしかに」と思ったのだった。仕事に没頭しているときは余計なことを考える暇がないし、ストレスがなかった。だからまた同じように仕事ができたらと思う。仕事に対するモチベーションを保つ手だてが仕事に没頭することだと答えたら、あのときの同僚はどんな顔をしただろうか。

転職先でのそわそわした感覚が長く続かなかったのも、仕事に集中できる環境が用意されていたことと、休日が少ないことだと推測している。没頭したり、忙しかったりすると余計なことを考え続ける暇がない。休日が少ないのは複雑だが。

3　就職活動

最後にサラリーマン以前のもやもやについても述べておきたい。

新卒で就職活動をしたのは、超就職氷河期といわれる時代だった。とても難儀した。ただ、筆者の場合それでなくても内定を取るのは難しかったのではないかと思う。最も重要な「志望動機」がしどろもどろだったからだ。そもそも「就活しなければ」とは思っていたが、「働きたい」と思っていたかどうかが怪しい。大して働きたくもないのに、企業への興味関心などあるはずもなかった。さしたる興味のない「御社」への志望動機を真顔で語らなくてはならないのはとても心許なかった。たどたどしさはひどい有り様で、何十社と受けては落ち続けた。思えば卒業間近で内定した会社では採用過程で志望動機を聞かれなかったのだった。

ようやく入社した会社で与えられた仕事は楽しく幸いだったが、その後も長く続く不景気は「いつリストラされたり会社が倒産してもおかしくない」「そうなればまたあの就職活動を繰り返すことになるのか、きついな」という気持ちを常に抱かせる。せめて転職活動に備えて履歴書に書けること、面接で語れることを増やさなければ。経験を積めるならばと頼まれた仕事を引き受け続け、ちょっと胃をやられたりなどして今日にいたる。

4 小浜逸郎『生きることを考えるための24問』

『生きることを考えるための24問』（洋泉社、二〇一一）がりんてつの課題図書になったのは、わりと初期で、就職して十年ほど経った頃だろうか。この中の「なぜ働かなければならないのか」という問いについて、当時は「食っていけないから」以外の答えが必要だとは思わなかった。難儀した就職活動を経て「働けるってありがたい」が常態だったため、あまり考えたい問いではなかったかもしれない。

最近になって、転職した先の同僚に「宝くじ三億当たったらどうします？」と聞かれたときのことだ。「う〜ん、とりあえずマンション買いたいですね。会社は辞めないと思います。いつでも辞められると思えばかえって続けられるような気がするんで」とよどみなく答えていた。われながらどういうことだろう。大して働きたくもないけど「食っていけないから」働くのではなかったのか。三億あっても仕事を続ける気なのか。ちなみに同僚は「私は即辞めます。辞めたら当たったんだなって思ってくださいね☆」だった。さもありなん、である。

そこで、久しぶりに『生きることを考えるための24問』を手にとって該当の第二部第四問「人はなぜ働かなくてはならないのか」を再読してみる。

「食っていけないから」はひとまず満たされていると仮定し、「一生遊んで暮らせるだけの資産が手に入ったら、あなたは、働くことをやめるだろうか」という問いが改めて設定されていた。一生遊んで暮らせる資産とは一体いくらであるのか、どういった経緯で獲得したかといったようなことはクリアしたという前提で、小浜氏は言う。「私の推定によれば、人は一般に、法外な資産を手にすると、相当な個人的贅沢を追求するところまではいくだろうが、その追求だけに人生を限定して、仕事をすっかり辞めてしまうということもほとんどしないと思う」。それは好きな道だから働くとか、人は働くべきだという道徳観念では説明不十分で「労働の意義を根拠づけているのは私たち人間が、本質的に社会的な存在である」から、ということらしい。もう少し紹介したい。

「働くことは、人間が、人間でありうることの条件の意味をもっている。（中略）自分の欲求を満たすための自発的な行為は、自他に対して「表現的」であり、直ちに関係的、共同的な「意味」をもったものとして他者のあり方に反映し、さらにその他者の生のあり方がまた、みずからの生のあり方に規定するものとして還ってくるというように、不断の相互連環の過程におかれているからである。言い換えれば、人間は、みずからを一個の人間として自己承認するためにこそ、この相互連関のなかに自分を投げ入れ、そこから還ってくる他者の承認の声を受け取る必要があるのである」（小浜、二〇一一）

ちなみにここで「働く」というのは、専業主婦による家事労働も含めお金を稼ぐことだけを指しているのではなく、「金銭的見返りは、『他者の承認の声による自己承認』、間接的・象徴的な証しである」としている。また一人暮らしの、自分の身体の維持に当てられる家事活動もそれに含まれるとしている。「維持された自分の身体は、ほとんどの場合、（中略）今度はそれ自身が他の外的な活動のために使用されることになる」という意味で「だれか他の人のためのもの」となるからだと。

人は働くことで社会の一部となり、社会の一部となることで自分の存在が他者に認められる。人は他者から承認の声を受け取る前提で生きているから、働かないではいられない存在であるということか。就職活動がしんどかったのは、胃が痛くなるような思いをしても辞めずにきたのは、自身も社会的存在というものであるということか。わかるような気もするし、受け入れがたいような気もする。

しかし、一人暮らしの家事も「働く」に含めるというのなら、三億当たったくらいではたしかに働き続けるだろう。しかし十億ならどうだろうか。百億なら？　ちなみに「一生遊んで暮らせるだけの資産が手に入ったら、あなたは、働くことをやめるだろうか」という問いへの答えをどう出すかは、資産の獲得の仕方にも左右されるとして宝くじにも言及されていた。飲み会のネタのような、そんなところにも哲学の入り口がある。

あとがきとメッセージ

仕事を通して「りんてつ」を語るというテーマでとりとめなく述べてきた。筆者の職場では人命がかかっているわけではないので、他の執筆者の現場にくらべ葛藤の質量が大変呑気な規模になってしまい恐縮している。それでもその呑気な「もやもや」の中を進むうちに、哲学的問いらしきものが浮かびあがることがある。

「Ⅰ　想像力不足を補う」で広告制作を続ける上での人間理解への欲求が「りんてつ」に参加し続ける理由であると述べた。当時得意とした十代向けまんが雑誌の広告をいまヒットさせることは難しい。なんとなく「のりがわかるぞ」という層は、筆者の想像力だと自分の年齢を起点に前も後ろも十数年くらいがせいぜいだと感じている。二十代の感覚はわからなくなったが、五十代の健康談義には片足を突っ込めるようになった。年を重ねるとはこういうことかという実感は、「人生とは何か」という問いを想起させる。

「Ⅱ　答えを持っておく」には、物事を決断する立場に置かれたときに当然しておくべき準備について自戒を込めて書いた。自費出版のお手伝いをしていた頃は多くの参加者に喜ばれる選択を模索する日々だったが、一方でハスの表紙を「好き」という人の存在は、思い出すたび多数決というものの是非を考えさせられる。

「Ⅲ　時候の挨拶も尽きる」では『居るのはつらいよ』で描かれたセラピー的仕事とケア的仕事を自分の場合に置

き換えてみるという作業をした。置き換えることで、それぞれの仕事の役割が見えてきて取り組み方が変わっていった。行き詰まったとき「この仕事はそもそもどういう役割を持ち、何のために存在しているのか」を問い直すことが、新しい発見をもたらしてくれることがある。

「Ⅳ　葛藤は脈絡なく訪れる」には非常事態にものを売ることへのもやもやを綴った。思えば二〇一一年三月十一日、東日本大震災後も同じような葛藤が生まれたと記憶している。だが『居るのはつらいよ』と『ペスト』を読んできたことで、非常時にこそ通常どおり営業することが顧客や関係者の日常を取り戻す一助にもなると今では感じている。

「Ⅴ　もやもやを和らげる」で取り上げたのは、「幸せとは何か」「人はなぜ働かなくてはならないのか」という二つの問いだ。筆者の職場における幸せは、できるかぎり不毛な愚痴の言い合いから遠ざかり、時を忘れて仕事に没頭することにあった。そして『生きることを考えるための24問』の小浜逸郎氏によると、どうやら人は生きて暮らしているかぎり「働いている」ということになるらしい。コンビニでの買い物であれ、まばたき一つで行う意思表示であれ、他者に全く影響を及ぼさない行為はないからだ。

こうして見ると職場で生じる「もやもや」の中から浮かびあがる哲学的問いとそれをためつすがめつする営みは、思っていたより具体的に仕事への取り組み方に影響を及ぼしていた。これらの問いは今後もことあるごとに取り出しては眺め、できれば深めたり広げたりしていきたい。そして本文が、今後新たな「もやもや」に遭遇した自分へのメッセージになることを期待して締めくくりとしたい。

〈引用・参考文献〉

マイケル・サンデル［鬼澤忍訳］（二〇一〇）『これからの「正義」の話をしよう――いまを生き延びるための哲学』早川書房
東畑開人（二〇一九）『居るのはつらいよ――ケアとセラピーについての覚書』医学書院

カミュ（一九六九）『ペスト』新潮文庫
石川善樹、吉田尚記（二〇一七）『どうすれば幸せになれるか科学的に考えてみた』ＫＡＤＯＫＡＷＡ
小浜逸郎（二〇一一）『生きることを考えるための24問』洋泉社

第6章
なぜ今、日本のビジネスパーソンに哲学が必要なのか？

森永信太郎

はじめに

一九九〇年に入社して以来、いわゆる大学で学んできたような学問、とりわけ「哲学」的なジャンルはビジネス領域においては無縁であり、役立つことはないという先入観を強くもっていたと思う。

ビジネスの現場では常に「具体的なモノ、数字」が優先され、抽象的思考よりも「いま役に立たなければ意味がない」とするプラグマティズムが暗黙のうちにあるように思う。しかし、『7つの習慣』（一九九六）のスティーブン・R・コヴィー博士や、接することがある海外のビジネスパーソンなどの思考の深み、教養、何より「考え方」に自分とは異なる「深さ」を感じたのも事実であった。

おりしも国内でもJALの立て直しなどで「経営哲学・理念」などの重要性も強調される時代であり、内在する深みのある国内外のビジネスパーソンの先達らの活躍を拝見するに、「哲学がいかにビジネスに資するのか」ということを考えざるを得なくなっている。

そうして調べてみると、これまではビジネスと哲学は無関係という先入観をもってきたが、海外との教育事情の違いによるものという事実もあり、海外……特に欧米だが……教養（リベラルアーツ）は日本とは比較にならぬほど重視され、古典、そして哲学の素養はふんだんに含まれていたのである。最新のＩＴ企業群として著名なＧＡＦＡ（Google, Amazon, Facebook（現 Meta）, Apple）ですら哲学を含むリベラルアーツを重視している現状が伺える。

こうしたことから、国内においても「哲学思考がビジネスにおいて有用であること」、つまり、「自ら考え判断し人と向き合う力がビジネスを支える基本となること」は認めざるを得ない、ということに気づいたわけである。むしろ、ビジネスには必須の力であり、基礎的な力と定義すべきである、と。

以上の点から、「なぜ日本のビジネスパーソンは哲学を活用すべきなのか」という問いは生まれ、本稿において「哲学」が日本のビジネスパーソンにとっていかに欠かせないものかを考察していきたい。

またその際に参照する哲学は、より具体的にいえば、日本ではシュタイナー教育という主に幼児教育や認識論研究で知られる、ドイツ観念論哲学の系譜の哲学者ルドルフ・シュタイナーの『自由の哲学』を主に材料にしたい。その理由は後述することになるが、日本の組織活動において自分が必要となると認識した「自由とは」「思考すること」「生きる意味」について考察することや、本稿のテーマである「なぜ今、日本のビジネスパーソンに哲学が必要なのか」を考えるにあたり、大いに資すると判断したためである。

1　主な役割について

筆者自身は、通信関係の企業に勤務中であるが、これまで営業、人事、事業会社出向、商品企画などいくつかの業務に携わってきており、企業活動に従事する中でも、組織内のチームの人間関係、組織外の法人や個人の顧客との関係、いずれも組織、人との活動を通じて、自分を振り返り、学ぶ機会を得てきた。

また、個人としての私は、主な役割として、夫（妻とは結婚二十七年め）、父（長男二十六歳、二男二十四歳）でもあり、家族関係、地域関係など、家庭や個人の生活を通して、学び、実践する機会を持っている。

シュタイナー関連の多数の翻訳を手がけている高橋巖氏（元慶應義塾大学文学部教授）の定義では、人間関係を大きく二つの系列に分類している（『神秘学入門』二〇〇〇）。

「私たちの人間関係はふたつの系列があり、これがいろいろな形で結びついて社会生活がいとなまれています。一つは市民が基本的な単位です」（高橋、二〇〇〇）。市民が集まって法人を形成し、それが国家、さらに国連という組織につながり、一連の流れで存在を保障される系列。「もう一方の系列は、履歴書を必要としない個人が基本の単位です」「第二の系列での「個人」はひたすら人間として存在している限りでの個人です」（高橋、二〇〇〇）。それを守る広い意味でのファミリー、コミュニティ、その共同体のベースには言語、風俗習慣などを共有し同じ土地に住む民衆、民族、さらに、地球そのもの、地球を構成するいわゆる元素（土、空気、水、火）につながっていく系列。

先に述べた筆者の役割も、この系列をベースとして考えていくこととしたい（Ⅰ、Ⅱ節では、主に前者の系列、Ⅲ、Ⅳ、Ⅴ節で後者）。

市民―法人―国家―（国連など）
個人―家族―民族―地球

図1　系列（高橋，2000）

また、そのために用いる理論的視座にはルドルフ・シュタイナーの『自由の哲学』（二〇〇二）が用いられる。

2 『自由の哲学』ルドルフ・シュタイナー

まず、何故、ルドルフ・シュタイナー（Rudolf Steiner, 1861-1925）を選んだかについて触れていきたい。ルドルフ・シュタイナーは、近代ドイツにおいて「人智学」（Anthroposophie）と称する社会運動を起こした思想家であり、教育、建築、文学、演劇、医学、農業などさまざまな分野での研究・実践を行っている。中でも、いわゆる「シュタイナー教育」は、近年脚光を浴びており、日本の教育学の分野でも研究が進められている。シュタイナー教育について補足すると、その根本的な考え方は、自由な生き方ができる人間を育てることであり、教育学よりも人間学に近く、体・心・頭のバランスを重視し、年齢段階に合わせた教育方法が提唱されている。

ただ、シュタイナーが哲学者であることはあまり知られていない。「十九世紀の最後の二十年間、油のような静けさを湛えていた精神から突然ヨーロッパ中、至るところで燃え上がるような熱狂がわき起こった」（高橋、二〇〇〇）中で、十九世紀から二十世紀のカントに続く近代哲学思想を振り返り、ドイツ観念論哲学の迷走の活路を、のちに到達する人智学や「シュタイナー教育」に見出していくのであるが、その起点となる一八九〇年代に書かれた『自由の哲学』、シュタイナーの初期哲学では、どのように捉えていたかを確認したい思いも強かった。

3 「りんてつ」との出会い

趣味を通じて二十五年来の付き合いがある本書編集の池山稔美氏の紹介で、「りんてつ」には、二〇一一年六月の第一回目より参加している。池山氏とは勤務都合がつかなかった期間を除いて、二週に一回程度の頻度で平日夜にお会いする仲でもあり、子どもの地域スポーツに休日を使う期間が終わるタイミングであったことも好都合であった。

奥村茉莉子氏と臨床心理士、一般人も交えた臨床哲学に関する読書会、ということで、まずは、臨床心理士のメンバー中心に決めた課題本を扱うことで会は始まった。当初は、自分一人ではまず手に取ることもない本を読むことができる、臨床心理士、地方公務員、出版関連など普段あまり深く話すことがないメンバーと定期的に本を通じた会話ができる、それぞれのメンバーからの課題本にまつわる示唆なども聞ける、など、メンバーの間の動機や目的もおそらく微妙に違っていたように思う。

会を重ねるうちに、それぞれが自分の問題意識にあった本を提案し合うようになり、読書会そのものでも筆者なりの課題への気付きや持ち帰りなども増えてきて、ちょうど、『自由の哲学』は、「りんてつ」の課題本として、筆者が初めて推薦した本として選ばれることとなった。

I　企業活動における哲学

この節では、主に「市民－法人－国家－(国連)」の系列の中での哲学の検討になると考えているが、特に「社員－企業」の関係を中心として検討を進めることにしたい。

一般的に、哲学は、「①世界や人生の究極の根本原理を客観的・理性的に追求する学問、②自分自身の経験などから作りあげた人生観・世界観」(『精選版 日本国語大辞典』)(小学館、二〇〇五)といわれるが、主に、企業活動の中で取り上げられることが多いのは②で、企業単位で、創業者や企業独自の経営哲学、人生哲学を言語化、明文化したものを指す場合も多い。本節では、①を「哲学」、②を「理念」と定義する。両概念を明確に論じ分けることは難しいが、以下の1項は主に「理念」、2項は、「理念」「哲学」、3項では、「哲学」を中心に論じてみたい。

1　企業(組織)にとっての哲学

(1)　経営の基本にあるもの「理念」

企業は、ゴーイングコンサーン「going concern」である。つまり、将来にわたり存続し事業を継続していくという前提のことを言うが、日本においては、バブル崩壊後に経営破綻や倒産、コロナ禍における企業、事業所統廃合など、大企業といえども、企業活動が無期限に続くこと自体が当たり前ではなくなってきている。

「長期存続企業経営の日米比較」(神田・他、二〇一三)をみると、長期存続企業の特徴としては、その企業らしさ、存在の個性づくりにあると思われるが、その企業個性の形成・維持・強化については、以下三点が鍵となっていると考えられる。

それは、①経営理念を持ち、経営理念に立脚した経営を心掛けているということ、②そうした経営を次世代に伝承しようとする理念経営の伝承の仕組みがあること、③経営者が自らの言葉として率先して理念の共有化に努めていること、である。

(2)「理念」(フィロソフィ)の必要性

多くの企業が、経営理念を実現していくためにも、定量的に具体化した財務指標、ＫＰＩ(Key Performance Indicator／重要業績評価指標)といった経営指標を持ち、日々運営しているわけであるが、その際、社員自体が、自ら判断、行動していく上で、重要な判断基準、行動指針、行動基準、を示すことも同時に求められるようになっている。また、それは、企業内の社員の行動を規定するのみならず、すべてのステークホルダー(顧客、社員、株主、地域、行政、社会……)に対して向けられるメッセージとしての役割もある。

企業によっては、企業理念、ウェイ(Way／組織および組織で働く従業員が全員で共有し、いかなる行動を起こす場合においても基準となる、企業全体で持つべき価値感の総称)を含めて、フィロソフィとしたり(ヤマハフィロソフィ)、ウェイが企業理念である(花王ウェイ)としたり、示す範囲はさまざまであるが、ここでは、「理念」フィロソフィを「全員が共有して持つべき意識・価値観・考え方」として捉え直してみたい(京セラフィロソフィ、ＪＡＬフィロソフィ、ディズニー・フィロソフィ、ＨＰウェイ、トヨタウェイ)。

前掲の日米の長期存続企業経営の中でもあるように、「理念」(フィロソフィ)については、明文化し、社員間やステークホルダーを含め共有化していこうとする傾向が見られる。

2　企業の従業員における「哲学」の必要性

(1)　従業員の「哲学」への意識は高くない?!

なぜ従業員に「哲学」は必要なのかを考えてみたい。哲学については一般社会に限らず企業の中でも意識が高くないのは、そもそもの学校教育自体の問題と根をともにしていると考えられる。

元大阪大学総長の鷲田清一は、「哲学はおもしろい、哲学を楽しもう」(二〇〇六年十一月)の中で、フランス、ドイツなどのヨーロッパでは高校などで広く哲学が教えられている実情について紹介している。

「ヨーロッパの哲学では自我のような難しい言葉は使わないので、哲学の本は非常に読みやすいのです。大学へ行かなくても、高校でも哲学を教えています。特にフランスでは、高校三年で文系の大学へ行く人には週八時間、理系の大学へ行く人にも週三時間必修の哲学を教えています。ドイツでも、哲学を高校で教えています。そこで、科学とは何か、自然とは何なのか、身体って何だろう、心とは……そういうことから、いろいろな考え方を学ぶのです。日本はどうでしょうか。哲学どころか倫理や世界史まで減らしたり、あるいは、受験校と呼ばれる学校では他の授業をしている振りをして、実際は英語の授業をやったりしています。物事の根本原理が軽んじられているのです」(鷲田、二〇〇六)

日本学術会議哲学委員会哲学・倫理・宗教教育分科会の提言資料(二〇一五年五月)によると、

「教育をめぐる国内外の議論はほぼ一致して、いま求められているのが、自ら考え自ら判断し自ら実践する能力、根源的な問いを問い続ける思考力、他者と人間的に向き合う力、社会に参画する「市民」としての資質の向上であることを指摘している。これらは学校教育全体の目標であるが、高等学校においてこれらの資質・能力の育成に大きな役割を果たすはずの科目が公民科「倫理」であった。「倫理」は、思考力や洞察力、判断力を身につけ自己形成し人格を確立することを第一の目標とするからである。だが、現在の「倫理」教育は、内容の点でも、それが置かれている状況の点でも、その目標に合うものになっていない。そこで本分科会は、この状況を改善し、他教科と関係づけながら「倫理」を公民科並びに高校教育全体の向上に繋げることをめざして審議し、提言の形でとりまとめた」(日本学術会議哲学委員会、二〇一五)

ここでは、「従来の〈知識中心の「倫理」〉教育から、〈考える「倫理」〉としての倫理教育への転換」を提案し、高校教育全体のなかに位置づけを知識中心の公民科の「倫理」を改めて、名実ともに「哲学」とする提言となっている。具体的には、「主体的・対話的・批判的・創造的な思考力の育成を『倫理』の目標とすること、そして、これらの思考力を育成するのにふさわしい技法として、いわゆる哲学対話と原典の一節を読ませることを授業の二つの柱とすること」としている。

こういった学校教育の中で「哲学」を取り入れていくことは重要な取り組みであると考えるが、そもそも、哲学自体が、社会や個人の生活の中で、それが何故必要になるのかを明確にしていくことも重要である。

ヨーロッパでは、「行政のプロになるための大学院の修了者に哲学の論文を書くことを義務付け」「政治では説得術が大事」「社交の場」など、日常の中で言葉を大切にするという文化が根付いていることが、日本との大きな違いであることがわかる。「誰もが日常使っている言葉を、もう一度きっちりと定義し直して、自分たちの議論を誰もが納得できる形で正確なものにしていく」という「言葉を大切にする文化」にまでなっているヨーロッパに対して、「思考力や洞察力、判断力を身につけ自己形成し人格を確立すること」が課題となっている日本の実情は、企業の中でも経営理念を実現するために、地道なフィロソフィ活動が必要となっていること(後述)からも、課題やその必要性は顕在化しているのかもしれない。日本でも、一般市民向けに、医療、被災地ボランティアなどで広がる哲学カフェなど、臨床の場に哲学を活用する動きも出てきているが、個人や社会の中で意識が高まっている状況には至っていない。

「市民－法人－国家－（国連）」の系列の中のみならず、「個人－家族－民族－地球」においても、①世界や人生の究極の根本原理を客観的・理性的に追求する学問、という意味での、「哲学」を活用する場自体も少なかったとも言える。

(2) 企業内での「理念」フィロソフィ教育の必要性

「理念」フィロソフィ活動が行われている国内の企業でも、企業に入る前の従業員のいわゆる「哲学」素養は他となんら変わらず、ヨーロッパのようなベースとなる哲学的な思考が企業の従業員に根付いているわけではない。また、企業が事業活動を継続していく上で、それぞれの企業組織の中で、企業トップからミドルマネジメント、一般従業員までが、スムーズな意思決定や判断軸の共通化を図っていくことが必要であるものの、すべての企業に導入されているものではない。ただし、こういった活動を重要視している企業においては、日頃からさまざまな工夫を凝らし、経営者からの直接の言葉、組織内研修、ＯＪＴ（On the Job Training）、日々の朝礼、ミーティング活動などを通じ、具体的な行動や意思決定毎に立ち戻るものへと定着化を図る取り組みが行われているケースもある。

以下の東京ディズニーリゾート（ＴＤＲ）のようにＯＪＴに入る前にディズニー・フィロソフィ（ウォルト・ディズニーの経営理念）を徹底して従業員に浸透させる教育を行い、ＯＪＴ以降も定期的に経営理念教育研修を行ったり、ウォーク・スルー（企業トップ層による突然の社内巡回）などを取り入れたり、サービス品質を絶えず進化させるための取り組みを行っている。

以下は、「テーマパークにおける従業員教育の情報システムとしての成功要因─東京ディズニーリゾートの事例」からの引用である。

「ディズニー・ユニバーシティとは、企業内大学のことである。TDRに採用された後、まずここで教育研修を受ける。TDRでは、ウォルト・ディズニーの経営理念をディズニー・フィロソフィと言う。これは、ウォルト・ディズニーの言葉や考え方、主義などをまとめて文章化したもので、TDRの運営理念となっている。ディズニー・フィロソフィには、家族全員で楽しめる娯楽施設を目指す、という「ファミリー・エンタテイメント」や、「SCSE（Safety, Courtesy, Show, Efficiency：安全性、礼儀正しさ、ショー、効率）」、「すべてのゲストがVIP」、「毎日初演」、「従業員は一番大切な顧客」などの独特な考え方がある。新規従業員は、さまざまな映像、画像を用いたオリエンテーション・プログラムにおいて、オリエンタルランドの基礎知識とウォルト・ディズニーおよびTDRの基礎知識を学習し、このディズニー・フィロソフィを身につける。ディズニー・フィロソフィは従業員共通の価値観であり、ディズニー世界の核であり、従業員全員が目的を共有する指針である。TDRでは、このような精神面での人材育成プログラムを重視している。ディズニー・ユニバーシティでのオリエンテーションの後、今度は各部事務課のディビジョン・オリエンテーションが実施される。ここでは基本的な業務について学ぶ。関連深い施設を中心として、より詳しいパーク・ツアーや各部におけるディズニー・フィロソフィについて繰り返し教育が行われる。ここまで終了した新規従業員は、さらに具体的なOJT（On the Job Training）に進み、実際の業務を学んでいく」（北川・森本、二〇一三）

その後は、ディズニー・フィロソフィとマニュアルによる業務遂行を行いながら、定期的に経営理念教育研修を受け、ルーティン・ワークの質の安定を徹底している。その他、「ウォーク・スルー／経営のトップ層が直接園内を回って従業員のサービスに対して厳しいチェックをするシステム」「スピリット・オブ・東京ディズニーリゾート／従業員同士が相手の良さを認め合うメッセージ交換を行う行事」など、ディズニー・フィロソフィの現場浸透を図っている。

また、「理念」フィロソフィは、既存の企業、法人が存続していくためだけでなく、新たに事業再生、変革を行う場合に導入されるケースもあり、「理念」的なものが新たに作られ、導入、定着化を図る場合もある。

二〇一〇年から日本航空（ＪＡＬ）の再生のために導入されたＪＡＬフィロソフィは、京セラフィロソフィをベースにしたものであり、新たな経営理念の導入によるＪＡＬ社員の意識改革でもあったわけであるが、浸透までに相当な準備、定着を図る取り組みが見られる。

水野一郎の「京セラアメーバ経営の展開―ＪＡＬの再生を中心として」によると、

「経営理念の導入によるＪＡＬ社員の意識改革：まず第一は、経営理念の導入によるＪＡＬ社員の意識改革である。二〇一〇年六月から大西社長を含む役員全員と部長クラスの経営幹部約五十人を対象にしたリーダー教育から意識改革が始められた。意識改革・ヒトづくり推進部も設置され、その部長である野村直史氏によれば、リーダー研修は延べ十七日間にわたって実施されたようである。そしてリーダー研修を受けたメンバーから約十人を選抜し、二〇一〇年八月から『ＪＡＬフィロソフィ』づくりに着手し、十二月に完成した。二〇一一年一月にＪＡＬの経営理念とフィロソフィが『鶴丸』のロゴ復活とともに三点セットで公表され、二月には『ＪＡＬフィロソフィ』手帳が作成され、ＪＡＬグループ全社員に配付された」（水野、二〇一二）

ＪＡＬでは、このフィロソフィをフライト前ブリーフィングや朝礼、会議で読み合わせすることを奨励し、年に四回、フィロソフィ教育を義務付けるなど、導入後の定着化も図っている。

ＴＤＲ、ＪＡＬいずれの企業においても、「理念」フィロソフィの定着化を図ることに、相当な準備、教育、実践など、心血、労力を注いでいるわけであるが、企業を継続発展、また再生させるためには、経営トップから社員一人ひとりまでが、「理念」を共有した上で、日々の意思決定、業務遂行の質を上げ続けていくことが不可欠であると同時に、「理念」を従業員一人ひとりに定着させていく上でも、自ら考える「哲学」的思考を身につけていく必要がある、とも考えることもできる。

3　組織とビジネスパーソン、双方に求められる哲学

なぜ、組織とビジネスパーソン、いずれを主体にしても「哲学」は必要なのかを考えてみたい。

(1)　マネジメント業務との関連

どこの企業の中でも行われている内部業務として、人事評価がある。筆者自身としては、チームメンバーとの定期的な評価業務に加え、人事部時代（一九九〇年代）に人事評価設計の仕事に何年か携わったこともある。当時からよく取り上げられていたのが、「マズローの欲求五段階説」で、「自己実現」はその時もキーワードで、他社の人事部の方とも何度も議論したことを覚えている。

今でも、人事・組織分野のみならず、マーケティング領域でも「マズローの欲求五段階説」は、幅広く知られ、支持を受けているためご存知の方も多いと思うが、エッセンスはいたって単純である。

①　生理的欲求：食べたい、眠たい、といった基本的な欲求
②　安全・安定性欲求：身の安全を求め、不安定、不確実な状態から抜け出したい欲求
③　所属・愛情欲求：集団に所属し、周囲から愛されたい欲求
④　承認・尊厳欲求：周囲に認められ、尊敬されたいとか、自分に自信・尊厳を持ちたい欲求
⑤　自己実現欲求：自分の潜在能力を活かし、成長し、周囲に貢献したい欲求

これは、①から⑤まで、低位の欲求が満たされると、上位の欲求が強まり、より上位の欲求が重要な要因になることを示している。また、①から④までの欲求と異なり、⑤の「自己実現欲求」は満たされ尽くすことがなく、人は永

続的に追求し続ける欲求であることが述べられており、人事の立場としては、⑤自己実現欲求に注目していた記憶が強い。当時、各社メンバーと「自己実現」の意味や具体例について幾度となく議論したが、全員が腹落ちする定義にまとまることはなかった。私自身は、「自己実現」を「成長と貢献」と定義しているが、当時テレビ番組か何かでみたエドガー・ケーシー（米国の予言者、心霊診断家）が行った過去生記録あたりを参考にしたもので、あくまで仮説である。自己実現については、マズローが『完全なる経営』（二〇〇一）の中でも、三十六個もの仮定を使いながら苦労して説明するくらい簡単に定義できるものでもないし、それぞれの会社の中でも自己実現していると実感している人が果たしてどれだけいるのか疑問が残るものでもあった。当時も、ある程度安定した企業では、①②③は満たされている前提で、結局は、役職や金銭的な見返り以外で、④承認・尊厳欲求をいかに高めていくかという議論に落ち着いた。

また、最近の厚生労働省「労働経済の分析」（令和元年版）でも、従業員の職務満足度の向上や、定着率の向上、顧客満足度の向上を目的に、「ワーク・エンゲイジメント」（仕事から活力を得て、仕事に誇りを感じ、従業員がいきいきと仕事をしている状態：オランダ・ユトレヒト大学のシャウフェリ（Schaufeli）教授らが提唱）に取り組む企業が増えていることを示しているが、そのワーク・エンゲイジメントを高めるための手法も対話を重視し、④の承認・尊厳欲求を充たすことがエンゲイジメント向上のベースになっている。

ただし、⑤「自己実現」については、個人としても諦めてはいけないものだと思っている。『完全なる経営』の監訳者まえがきで、金井壽宏氏は、マズローがそうしたように、「自己実現やB価値の問題（自分らしさを、自分ならではの存在価値として示すという課題）については、いっそう自分に引き寄せ、自分を変えることが大事だ」と述べている。「自己実現」は、企業のマネジメントと、企業マネジメントを超えた、個人としての人生課題としても受け取る必要がありそうだ。

(2) 日々の能力開発との関連

ここでは、組織及び組織で働く従業員、双方にとっての競争力強化、能力開発という点に注目して、「考える」ことの重要性について触れてみたい。

・田坂広志：営業社員の能力開発

田坂広志氏（多摩大学大学院名誉教授）が、自身の新入社員時代に培った営業の能力開発方法についてオンラインのセミナーで話をされている（田坂・堀、二〇二〇）。

「担当法人を営業の打ち合わせで訪問した後に、上司や同僚と必ず反省会を行い、自身や先方の発言、その背景にあるコンテクストなどをディスカッションし、こう発言すべきだったとか、ここをさらに深堀りすべきなど、反省会を欠かさず、毎日実施したこと」を回想されている。大学院修了後に三菱金属（現三菱マテリアル株式会社）の原子力事業部に配属されたが、他の同期に比べ大学院での研究期間が長く、業務経験、ノウハウも当初はかなり劣後していた。この反省会を繰り返したことで営業成果も格段にあがり、相当な能力開発につながったとして、のちの日本総合研究所の立ち上げや大学、研究機関での各種の研究成果のベースになっているとしている。

・ピーター・ドラッカー：強み発見法

ピーター・ドラッカー（Peter Ferdinand Drucker）は、『新訳　経営者の条件』（一九九五）の中で、「強みを生かす」ことの大切さについて触れ、「強みのみが成果を生む。弱みは、たかだか頭痛を生むくらいのものであり、弱みをなくしたからといって、何も生まれはしない。弱みをなくすことにエネルギーを注ぐのではなく、強みを生かすことにエネルギーを費やさなくてはならない」と述べている。

チームで考えると、得意な仕事を引き取り合うと、業務も効率的効果的に回りチーム成果があがるだけでなく、個人の強みも強化されチーム全体としても成長する。「弱みをほうっておいてもよいのか」、という声もよく聞かれるが、不得意なこと（嫌いなことの場合も多い）に労力を注いで、弱点を補強するより、得意なこと（好きな場合が多い）を伸ばすことが、楽しくもあり効果も高いということである。ただ、この強みも当初はあまり明確でない場合も多く、その発見のために、ドラッカーが続けたことが『プロフェッショナルの条件』（二〇〇〇）で紹介されている。「強みを知る方法は一つしかない。フィードバック分析である。何かをすることを決めたならば、何を期待するかをただちに書き留めておく。九カ月後、一年後に、その期待を実際の結果を照合する。私自身これを五十年続けている。そのたびに驚かされている」（ドラッカー、二〇〇〇）

・原田隆史：カリスマ体育教師の日誌（ジャーナル）活用

原田隆史は、大阪府出身の教育者で、大阪市内の公立中学校に二十年間勤務。保健体育指導、生徒指導で「生活指導の神様」と呼ばれる。独自の育成手法「原田メソッド」により、陸上競技部を七年間で十三回（個人種目合計）の日本一に導く。原田氏が開発した自立型セルフマネジメント手法である「原田メソッド」は、オリンピックの金メダリストや成功者の分析を取り入れており、大リーグの大谷翔平選手が花巻東高時代から活用していたことでも有名である。また、多くの企業で企業研修・人材育成にも活用されている。

原田メソッドの具体的ツールで、スケジュール帳として使える手帳式の『目標達成ノート』（一九九七）がある。「オープンウィンドウ64」「目標・目的設定用紙」「ルーティンチェック表」などの機能もあるが、毎日手帳として利用できる「日誌（ジャーナル）」について補足したい。この日誌では、週刊でスケジュールする部分と、毎日を振返る部分が併存しており、「今日のよかったこと、今日気づいたこと」「今日をもう一度やり直せるなら」を一日の終了後に毎日記載する。「今日のよかったこと、今日気づいたこと」は、毎日自分をほめることと定期的に振り返ることで、小さな自信を積み重ねる効果がある。また、「今日をもう一度やり直せるなら」は、単なる反省ではなく、次への改善活動につながる記載のため、これも自信につながる効果がある。

・斎藤浩哉：オリンピック金メダリストの目標設定

長野オリンピックで団体スキージャンプの金メダリストである斎藤浩哉氏から、金メダル獲得に向けた目標設定について、直接お話を伺ったことがある。斎藤氏は、リレハンメルオリンピックの最終滑走者　原田雅彦氏のジャンプ失速で銀メダルが確定した瞬間に、四年後の長野五輪団体金メダルを決意したという。斎藤氏は、リレハンメルでは四名のレギュラーでなかったため、個人として団体メンバーに選ばれること、チーム・団体として金メダルを勝ち取ることの二つを目標にしている。

斎藤氏曰く四年後をバックキャストして、三年後、二年後などの節目の達成目標、経過目標を定め、毎年、毎月、毎週の計画に落とし込んでいく。そこには、技術面、メンタル面のみならず、健康・生活面の成功要因、失敗要因を踏まえた、練習内容、ルーティン行動が計画され、一日単位、週単位、月単位、半年・年単位で常に振り返り、修正していくという気の遠くなるような生活を語っておられた。まさに、原田メソッドそのものであるが、団体で勝つという意味では、さらに、それぞれの選手の強み弱みをどう勝負に活かすかなどもあり、興味は尽きない話であった。斎藤氏は元々ビジネスパーソンでもあり、このオリンピックの金メダル獲得に向けての戦略はビジネスそのものや個人の目標達成にも活用できるとしている。余談であるが、斎藤氏との会談は、妻の仕事の繋がりのおかげであり子ども達に加え、池山氏も同席した。二人のその後の飲み会でも繰り返しネタになり、職場でも共有し、仕事や日常にも活用させていただいたことは言うまでもない。

ドラッカーの五十年は、気の遠くなるような期間であり、この継続力には驚くほかないが、田坂氏の能力開発、原田式人材育成、斎藤氏の金メダル戦略、すべてにおいて、「振り返り」の大切さが述べられている。そこでは、自らの頭、心、身体で考え、他者の考え、経験を引き出し、情報を知識に、知識を知恵にかえていく思考作業のベースではあるが、一つの「哲学」ということができよう。

また、これは、個々人の能力開発に加えて、組織としての競争力の強化という意味でも企業・従業員両面で、大変に有用であることがわかる。

Ⅱ　ビジネスに「自由の哲学」が有用なのか

ここまでみてもビジネスにおいて哲学（理念含む）は必要であることが理解できるだろう。つまり、組織が存続、発展していくための経営の根幹として、また、従業員にとっては、理念を具現化していく道具として、加えて、組織、従業員が競争力を高めていく上で自らを「振り返る」思考・行動の源泉として、いずれにおいても、哲学は必要ということがわかった。

ここからは、シュタイナーの『自由の哲学』を具体的にとりあげるが、その理由について、三点触れておきたい。一点目は、主体と客体の捉え方である。ビジネス自体は、周知のとおり、主体は人間であり、さらに対象は、人間以外のすべてとその本性（精神）まで含む人間全体（頭、心、身体）である。「自由の哲学」以前の哲学は、主客を別々に分けてとらえ、人間やその本性を含めて考察できる対象とはしていなかった。「自由の哲学」は、人間やその本性ををも、自ら考察できるものとして、シュタイナーが一元論に仕立て直している。二点目は、人間の存在をどう見ていたかである。シュタイナーはその一元論に個人主義を導入することで、経済の主体となる人間を「行為の最終決定者」つまり「自由」とみなしている。三点目は、シュタイナーの思想がさまざまな分野に応用され、特に教育、農業、治療分野では、実用的・世俗的な実践のノウハウを確立させておりビジネスへの貢献も大きい点である。これら三点から、ビジネスに「自由の哲学」が有用な示唆を提示するものと考えたのである。

また、「りんてつ」が、東日本大震災後に開始されたものであり、不確実な世界で、本当に必要なものは何なのか、ということも改めて考えてみたいという思いもあった。

「いわゆる成熟社会では、市民一人ひとりはどんどん未熟になって、自分一人では何もできない子どもみたいな存在になっていくのです。（中略）ここで、私たちはもう一度、どんなことがあっても、社会が自然災害に遭っても、戦乱に遭っても、いつでも、もう一度ゼロから、人間の一番基本の事を再開できる知恵と力を付けて置かなければならないことに気付くべきです。（中略）市民の一人ひとりが、自分で、あるいは、みんなと協力して生きていける基本的な考え方と作法を身につけている社会のみが成熟を迎えられるのであり、そのために哲学が必要なのです」（鷲田、二〇〇六）

鷲田（二〇〇六）は、阪神・淡路大震災の教訓としても、成熟社会にこそ必要な哲学を語っている。現代の成熟社会で必要と言われる哲学と、頭、心、身体をすべて、人間の本性まで含めて、考察の対象とする百年前にシュタイナーが唱えた「自由の哲学」は、時代背景こそ異なるが、不確実性のビジネス社会を生き抜く哲学であり、その共通点、関連についても考察していくこととしたい。

1　人間の魂の根本問題

シュタイナーは「一九一八年の新版のためのまえがき」／『自由の哲学』で二つの根本問題を指摘している。

「人間の魂は二つの根本問題を抱えている。これから本書が扱うすべては、この二つの問いとの関連で論じられることになる。問題の一つは、われわれが人間の本性を考察する場合、いくら体験や学問を深めていっても、それだけでは十分に解明できない事柄にどうしても行き着いてしまうが、そういう事柄すべてにも有効な考察方法が一体存在するのか、ということである。懐疑論や批判主義はこの問題を解決不可能な領域に追いやっている。もう一つは次のような問題である。意志する存在である人間は自分を自由だと見なすことができるのか、それともそのような自由があるように思えるのは、自然の現象だけではなく、人間の意志をも支配している必然の

思考－悟性　厳格に枠付けられた概念を創造する力
　　－理性　創造された個々の概念を統一的な全体にまとめる力

図２　思考の構造

糸を、人間が見落としているからなのか、自由とは幻想なのか」

つまり、次項以降では、本節の冒頭で述べた「自由の哲学」を考察対象とした理由のうちの前二点、

- 人間の精神（魂）の活動に踏み込む認識論哲学であること、
- 大胆に一元論、弁証法を取り入れたその認識論哲学は、人間の本性としての『自由』の問題に踏み込む手がかりとなること、を検討することでビジネスパーソンにおいて有用な哲学であることを示していく。

2　人間の本性の考察すべてにも有効な考察方法が存在するのか

本問いに対しては、カントの認識論に始まる懐疑論や批判主義など、自然と人間、主体と客体の対立する二元論をベースとしたものから、ゲーテの自然認識論、ヘッケルの進化論などによりシュタイナーが仕立て直した一元論によって、解決方法があることを明示している。

シュタイナーは、十代からカントの純粋理性批判を愛読していたが、ドイツ観念論哲学が主張する思考の能動的な力に時代を切り開く可能性を見出していた。一方、思考する側の主体と、観察される側の客体を対立構造（二元論）としてとらえ、主観は「物自体」に迫りえないとしていたことや、自然の実体には向き合わず観念論に陥っていることについては、改めていく必要性を強く感じていた。ここにシュタイナーは、ゲーテの自然認識論を基礎にして自然、人間（精神含む）をも認識の対象に広げ、背後にある一体性の世界をも対象とするシュタイナー特有の認識論（一元論）を展開する。

シュタイナーの認識論はどのようなものであろうか。

主体	手段	対象
認識－思考	直観（悟性＋理性）	→思考内容
－知覚	観察	→知覚内容

図３　認識の構造

『ゲーテ的世界観の認識論要綱』（一八八六）によると、思考は、悟性によって能動的に識別し、理性によって世界を結び付ける能力と位置づけている。『自由の哲学』でのべる直観は、世界の背後にある統一性、一体性について見抜く力を含んでおり、悟性と理性を含めた思考と同じと考えられる。また、『自由の哲学』において、現実を認識するためには、思考と並列で、知覚（観察）が重要になる。

観察によって個別にあらわれる知覚内容（感覚、知覚、直観、感情、意思行為、表象、等々）と、直観によって得られた思考内容（概念、理念など、内部から現れるもの）を、再び思考によって統一世界の中で関連づけることで、つまり、思考と知覚の力によって、現実を認識することができる、とした。

この考察方法の特長は何であろうか。シュタイナーは『自由の哲学』の中で、「どんな人でもそのつもりになりさえすれば、思考を観察するようになれるのだが、そうできた人にとってはこの観察があらゆる観察の中で最も重要なものになる」として、「思考を思考（観察）する」ことの重要性を強調している。また続けて「なぜなら自分自身が作り出したものを観察するのだし、自分とは無縁な対象にではなく、自分自身の活動に向かい合うのだから。自分の観察している対象がどのようにして生じるのかもわかるし、状況や関係も見通すことができる。そしてそれによって、他のすべての現象を解明することができると期待できるほどに確実な地点を獲得できたことになる」（五九頁）として、思考の万能性に絶大な期待を寄せている。

一方、そもそもこの認識の対象として、人間自身や精神そのものを対象にしてもよいのか、という問いとともに、この思考を軸とした考察方法を、人間（主観）が身につけることが可能なのか、という問いも想定される。

これに対して、シュタイナーは「自然と人間の同一性は生物学的根拠に基づく」としたヘッケル（一八三四－一九一九）の「一元論」（進化論）を取り入れ、「進化論を人間の精神領域まで拡張する企てを利用」することによって、認識対象を拡大する根拠にしている（『ルドルフ・シュタイナーの初期哲学』（野口、二〇一〇）より）。

また、シュタイナーはヘーゲルの弁証法も取り入れている。「一元論の場合、知覚内容は主観によって規定されるが、この主観は同時に自分自身が規定したものを再び止揚する手段を、つまり思考の働きをもっている」（一四七頁）。主観による認識は、「思考」によって常に止揚されるため、また知覚内容と概念を常に高次のあり方に向けて統合させていくという無限の繰り返しによって、「思考」を身につける可能性をも示唆している。

これらにより「人間の本性の考察すべてにも有効な考察方法が存在する」という問いに答え、頭、心、身体、人間の本性までを考察する手法があることを提示し、ビジネスにも有効であることを示している。

3　人間は自由か、自由とは幻想なのか

シュタイナーの一番目の問いに対する解決方法（一元論）により、ビジネスにも有効である考察方法が存在することを示した。ただし、二番目の問いである「人間は自由か、自由とは幻想なのか」については、ニーチェ、シュティルナーの個人主義を取り入れ理論を補強した上で、人間にとって自由が可能であることを論証していく。

「人間は自由か」という問いは、一般的には、「自分は自分がしたいことをできるのか」と言いかえることができる。

「どんな行為も、その行為者がなぜそうするのかを自覚していなければ、自由な行為にはなり得ない。（中略）『動物にも備わっている魂を精神に作り変えるのは思考の働きである』とヘーゲルも述べているが、この言葉は正しい。その意味で思考こそが人間の行為に人間らしさの特徴を与えているのである」（シュタイナー、二〇〇二）

と、シュタイナーも『自由の哲学』の第一章の中で述べている。

人間が行う行為が自由であるためには、その行為を意識的に、自覚的に行うこと、つまり「思考」が不可欠であることを指摘し、動物との違いを強調している。また、生理的な欲求など動物的な欲求については、思考の関わりはないが、「われわれの行動が動物的な欲望充足から一歩でも先へ進めば、直ちにその動機は思考内容と結びつく」とし、「愛、同情、愛国心」といった人間固有の動機によって、意識的に行動を行うことは、「自由な行為」になりうることを示している。

ここで、シュタイナーは、「魂を精神に作り変えるのは思考の働きである」というヘーゲルの考えを認めているわけであるが、シュタイナー自身の心身論について、考えてみることとしたい。寺石悦章（二〇一七）「シュタイナーとフランクル―精神と心魂をめぐって」によると、「特に近代以降は心魂と身体のみを認める心身論、あるいは心魂的・精神的とされる機能のすべてを身体の機能に還元し、身体のみを認める唯物論的な見解が有力になっている」が、シュタイナーは、人間を精神・心魂・身体の三要素からなるという見解を示している（フランクルの心身論も三要素となっており、シュタイナーと類似した形となっている）。

このシュタイナーの精神・心魂・身体の三要素を、Ⅰ節3項で取り上げた「マズローの欲求五段階説」と比較してみたい。寺石は、「シュタイナーとフランクル：自由と必然」（二〇二〇）の中で、「シュタイナーは、高次の階層をなすのは精神であり、もっとも低次の階層をなすのは身体である。彼は人間の中心といえるものを自我（Ich）と呼ぶことが多い」としている。

この三要素を、マズローの欲求五段階と対比してみると、関連性が強いことが見て取れる。生理的欲求、安全・安定性欲求は動物、人間に共通で身体に対応し、自己実現欲求は人間特有で精神に対応するが、所属・愛情欲求、承認・尊厳欲求については、おおよそ心魂に相当する。

また、シュタイナーは、現代人（当時）の自我は、「心魂との結びつきが強い」としているが、「人間は自由か」と

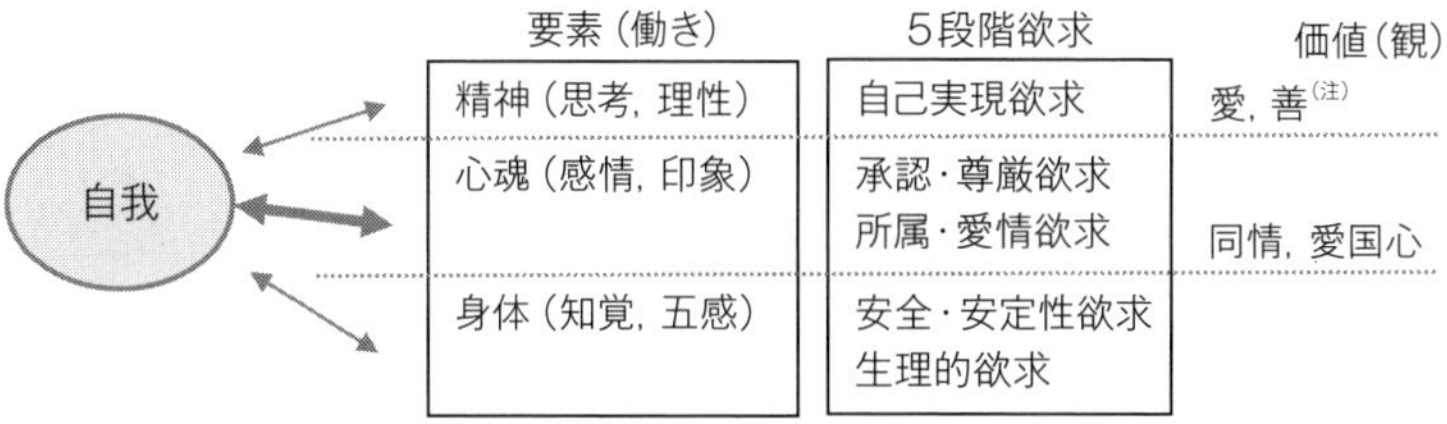

図4　シュタイナーの心身論とマズロー欲求5段階説

注）『自由の哲学』の中では、「愛」「善」という表現があるが、「道徳的想像力」によって自分のなかに見出す価値（観）と仮定したい。

問われた場合、自由の主体とも言うべき、自我が低次の欲求に支配されている場合は、必ずしも自由とみることはできない。自我が、より高次の精神とともに働き、自己実現を果たせている状態は、「自由は可能である」ということはできるだろう。ただし、I節3項でも論じたように、この欲求の階段をどのようにあがっていくのか、自己実現の段階にある価値（観）と共に追求していくべきものである。

『自由の哲学』の邦訳「訳者あとがき」に、一九二〇年に書かれたシュタイナーの重要な発言が掲載されている。

「長年かけて、一八八〇年代末から一八九〇年代の初めにかけて構想を錬り、一八九四年に出版した私の『自由の哲学』の執筆中にも、この問いは私の念頭から去ることはありませんでした。（中略）『一体人間は生まれつき自由な存在なのか』と人々は問いました。この問いは現在ではもう陳腐になってしまっています。今日ではむしろ次のように問うべきです。『人間は子どもの時から大人になるまでの間に、自由な存在であると実感できるような社会秩序を建設できるのか』。人間が自由な存在に生まれついているかどうかを問うのではなく、自分の存在の奥深くにまどろむものを無意識の底から意識の明るみへ引き出し、それによって自由な存在を自分の中で育て上げることが人間にできるかどうかを問うのです」（シュタイナー、二〇〇二）

このように、シュタイナーは、第1章で掲げた問い「一体人間は生まれつき自由な存在なのか」から、「自由な存在を自分の中で育て上げることが人間にできるかどうか」へと改めて問い直している。

また、シュタイナーは、ニーチェ、シュティルナーから個人主義を取り入れ、「倫理的個人主義」（行動の基準は外部から与えられた強制や命令に従うのではなく、自らの内部から行動の基準を生み出すこと）を打ち立てている。

「自由な精神にとって、自分の理念を具体化するためには、道徳的想像力が必要なのである。道徳的想像力こそ、自由な精神にふさわしい行動の源泉である。したがって道徳的想像力をもった人だけが道徳的に生産的であるといえる」

として、「知的生活は認識を通して、道徳生活は自由な精神の実現を通して、常に進化、向上していく途上にある」のが（当時の）現代の人間であるとしている。また、最終章には、

「或る理念が行為となるためには、まずそれを人間の意志にしなければならない。そして意志は人間そのものの中にのみその根拠をもっている。だから人間は自分の行為の最終決定者なのであり、人間は自由なのである」

ともしており、自由に関しても、幻想ではなく目標である（途上ではあるが）と結論づけている。

また、このシュタイナーが目指す「行為の最終決定者」とは、まさに、鷲田（二〇〇六）が言う、「どんなことがあっても、社会が自然災害に遭っても、戦乱に遭っても、いつでも、もう一度ゼロから、人間の一番基本の事を再開できる知恵と力」を持つものであり、それは「認識力と道徳的想像力」と言いかえることができるかもしれない。百年の時代を超えてなおわれわれは自由に向かって進化、成長を遂げるべき存在であるとともに、ビジネスパーソンに

とっても、重要な基礎力であることがわかる。

Ⅲ　私人としての「自由と哲学」

Ⅱ節までにビジネスパーソンとしての哲学の有効性について触れた。ここからは、「個人―家族（―民族―地球）」の系列の中で、私人としての個についても哲学の有用性を考え、ビジネスパーソンにとどまらず、私人としても有用性があることを論証する。

1　『カシオペアの丘で』

別の課題本であった『カシオペアの丘で』（重松、二〇一〇）をとりあげ、『自由の哲学』の問いの一つである「人間は自由か、自由とは幻想なのか」と照らし合わせて、小説の登場人物を考察してみたい。

〔あらすじ〕かつて炭鉱で栄えた北海道の小さな街、小学四年生のとき、四人の同級生（トシ、シュン、ミッチョ、ユウちゃん）で名付けた「カシオペアの丘」があった。シュンこと倉田俊介の祖父、倉田千太郎は、その街の「王」と呼ばれ、三十年前（昭和四十二年）に自分の経営する炭鉱内の大事故に際して、消防士であったトシの父親（炭鉱内で人命救助中）を千太郎の裁断で死に追いやっている。シュン自身は小学五年生のとき遊びの延長でトシを車椅子の生活にしてしまったことも重なり、生まれた町を遠ざけていた。悪性腫瘍（ガン）で余命わずかと宣告されたシュンは二度と帰らないと決めたふるさとへ向かう。トシとミッチョは夫婦となり、トシは車椅子の生活のなか、市役所からの出向という形で遊園地「カシオペアの丘」の園長を務めていた。ある事件をきっかけに、ガンで余命わずかと宣告されたシュンも含めて、四人の人生は再び絡まり合っていく。

テーマは、「ゆるす」ことと「ゆるされる」こと。登場人物それぞれにテーマ自体は関係してくるが、「ゆるす」「ゆるされる」の二つのテーマにもっとも思い悩む、主人公のシュンを中心に「人間は自由か、自由とは幻想なのか」について考えてみたい。

2 シュンは倉田千太郎を許したのか、シュンは、トシ（トシの母親含む）に許されたのか

まず、シュンが「ゆるす」「ゆるされる」と考えるとき、シュンが「ゆるす」対象（客体）は幼馴染のトシの父親を見殺しにした祖父の千太郎、シュンを「ゆるす」主体は、父に加え自身の下半身の自由が奪われたトシ（トシの母含む）と前提をおいている。シュタイナーは、「或る理念が行為となるためには、まずそれを人間の意志にしなければならない。そして意志は人間そのものの中にのみその根拠をもっている。だから人間は自分の行為の最終決定者」としている。「行動の基準は外部から与えられた強制や命令に従うのではなく、自らの内部から行動の基準を生み出す」のであり、シュンにしても千太郎にしても彼らは常に主体であり、周囲の人間から「ゆるされ」たり、相手を「ゆるす」ということ自体が、シュタイナーのいう「倫理的個人主義」に反することになる。つまり、千太郎にシュンから何らかの影響、働きかけがあったとしても、千太郎（自身）を「ゆるす」のは最終的には、千太郎（自我）であり、シュン（自身）が「ゆるされる」としたら、そのシュン（自身）を最終的に「ゆるす」のも「シュン」（自我）ということにほかならない。これはトシでも同じである。

シュンが今回の帰郷を通じて、妻、息子、幼なじみたち、千太郎に向き合い、何よりもシュン（自身）に向き合う中で、シュン（自我）がシュン（自身）を許すように、各々が自身をゆるす物語であったと考えたい。

一方、人間が社会的生物だと考えると「社会の中の自分が社会（他者）から許しを得る（逆に他者に許しを与える）」ということも、それは社会の中の自我（エゴ）として認め合うべき、という意見もあるかもしれない。

これに対して、考えてみるべきは、自我（エゴ）が「どういう価値」に基づいて、自分を「ゆるす」のか、社会（他

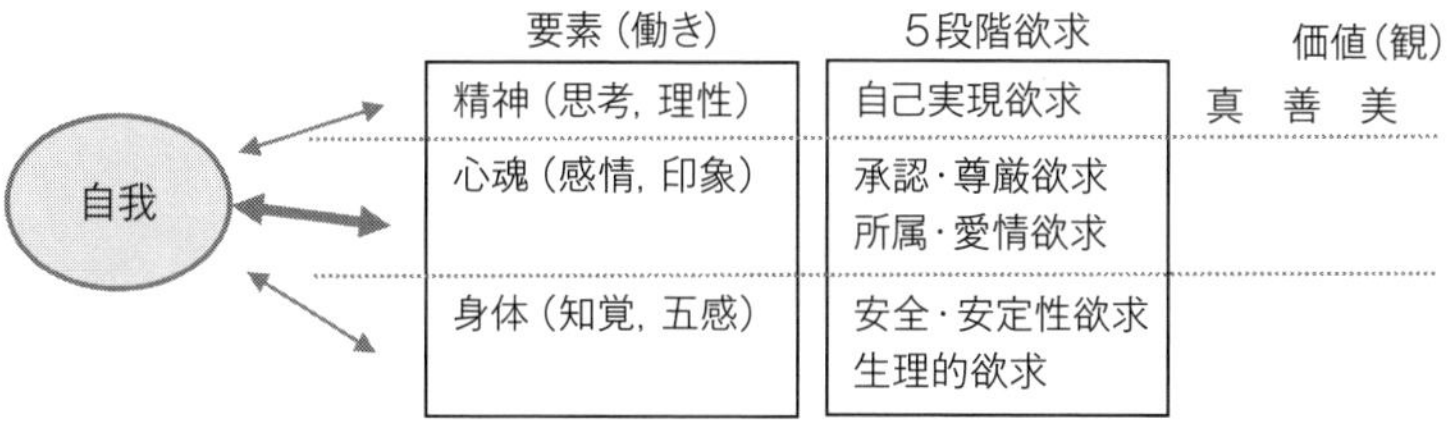

図5

者）に「認められるのか」、他者を「認めるのか」ということである。ここでは、シュタイナー四大主著の一つである『神智学』（一九〇四）の第1章で、真善（美）について説明している箇所がある。一般的には、真善美は、

「知性（認識能力）、意志（実践能力）、感性（審美能力）」について、理想を実現した最高の状態をいうとされているが、もともと、知性の対象を真とし、意志の対象を善としてきた西欧哲学の伝統に、新カント学派の影響で、真善美の三者が併置されるようになったといわれている」（出典　小学館『日本大百科全書（ニッポニカ）』）

高橋（二〇〇〇）は、『神秘学入門』の中でシュタイナーの真善美の捉え方を説明している。

「ある存在がその存在の根拠を自分の中にあらわしていれば（思考／形成力）、その存在は真」であり、「その存在をそのように存在させようとする働き（意志）が善」となり、「両者を理想的な形式によって結びつけたいと願う働き（感情）が美」であると。

千太郎は事故の翌年に犠牲者を弔う巨大な北都観音像を建設した。その後三十年にもわたり過去を深く反芻するかのように、おびただしい数の観音像をその中に集める。シュンも二度と帰らないと決めた町の病院で、妻や息子とともに、同級生、千太郎までを受け入れて最期まで生き抜く姿勢を示す。その深く考え生きようとする姿が真であり、それを認め心から受け入れる周囲の姿が善である。これらの真善の姿が、登場人物

の願い、思いとなって、美としてあらわれていると考えたい。シュンも千太郎も一元論を実践したかどうかはともかく、「最終決定者」であり、「自由」であった。

Ⅳ　私人としての「自由と哲学」——私的役割としてのケーススタディ編

まず、「私的生活における哲学の有益・有用性」とは何かを考えてみたい。

前節まででは、「認識力と道徳的想像力」つまり「人間の一番基本の事を再開できる知恵と力」について考えたが、鷲田（二〇〇六）は、実生活の中での哲学に言い換えている。一つは、「教養を身につけること、つまり、物の軽重をわきまえて判断し、やれることに限りがあるときに、どれとどれはやって、どれには目をつむるかという判断力を持っていること」。二つ目は、「ものごとの状況を判断し、分からないことに、分からないままで、正確に対処できる力」、例としては、政治、外交など、不確定な条件の中で即刻決断を求められるものや、看護・介護など、必ずしも答えがないもの、その問いを問い続けること自体が、生きていくうえでの取り組みになるような課題への対処力、を哲学と呼んでいる。

ちょうど、二〇二〇、二〇二一年でコロナウイルスの流行が東京オリンピックと重なり、蔓延に歯止めがかからないなか、離れた家族に介護、看護を必要とする中高年世代が自分を含め身の回りにも多く存在している。首都圏に子ども世代がおり、地方に年老いた親をかかえるパターンでも、国や自治体のみならず、親やその周りからも帰省を控えて欲しいという声もあるが、移動自粛が二年と長期化するなかで、介護状態の重症化や何らかの手術を受けるケースなどもあり、どうやってこれを乗り切るかという問題は、まさに正解のないところで決断を求められる場とも言える。

「喫緊の答えのない課題」も家族として抱えているので、鷲田の「哲学」の定義については理解できるが、その考える力をどのように培っていくのか、まさに、私的役割のケーススタディの中で考えていきたい。

1 夫婦

(1) 自立して貢献し合う関係

「夫婦は他人、子どもは家族」ということはよく耳にする。育った環境も価値観も異なる他人同士が形式上家族となった配偶者と、生まれた時から家族である血を分けたわが子と、全く同じ気持ちで接することが難しいという実感を表したものだ。また、「子どもも他人」（究極的には）であり、最終的には子どもの人生に親は責任を持てないし、子どもも一人の人間として自分の人生に責任を持たねばならない、という考えもあり、どちらかと言うと私自身はこちらに近い。

筆者自身の夫婦について振り返ると、結婚前、妻の実家の夕飯に何度目かに呼ばれたときのことをよく思い出す。妻の家族は、本音で話し合う家族で、その晩も、妻と母親が大きな声で口論に至る姿があり、家族同士では食事中ほとんど会話がなかった自分としては、「喧嘩しているのでは」とその姿に圧倒された。のちにわかることであるが、どんな些細なことであっても本音で話をするというのが妻の家では当たり前のことであった。結婚後、筆者と父親の会話をみた妻から「何故思ったことをお互い（本音で）話し合わないのか？」とよく尋ねられた。自分としては上述のとおり「親子もそれぞれ自立した他人」という考えもあり、そういう意味では普通に話をしているつもりであり、当初は妻が言っている真意がよくわからなかった。出身地自体は同じであるものの、育った家族の価値観によってコミュニケーションに関する考え方はまったく異なり、価値観の壁を克服する手段や「夫婦のありたい姿（ゴール）」も当時の自分にはなかったように思う。

一般的に人間関係には、三つのステージがあると言われる。

①テイクアンドテイク（take-and-take）：とにかく、相手から何かを得たいと考える関係。恋愛で言うと付き合う前の状態。

②ギブアンドテイク（give-and-take）：自分も与えたので相手からも見返りが欲しいと思うような関係で、恋愛関係が始まったような状態。
③ギブアンドギブ（give-and- give）：お互いが相手の役に立ちたい貢献したいというような直接的な見返りを求めない関係。理想的なパートナーとの状態。

アメリカの自己啓発書作家、講演家で、クライアントにビル・クリントン、ジョージ・ソロス、アンドレ・アガシなど、多くの著名人をもつ、アンソニー・ロビンズ（Anthony J. Mahavoric）は、

「愛には努力が必要。それも、情熱的な努力が」（清水、二〇一四）、「生きることの極意は、与えることだ」（ロビンズ、二〇〇六）

と述べて、愛を維持するためには、自分が「満たされたい」ではなく、相手を「満たす」継続的な努力が必要であることを訴えている。

夫婦関係でも、③のようなステージを目指したいと考えたとしても、この「情熱的な努力」はどうすれば持ち続けられるのか、意識的に努力するにはどうしたらよいのかと考えてしまう。また、こちらが先に貢献しても尽くすだけに終わってしまい、必ずしも相手が同じように貢献の態度をとってくれることが保障されるわけでもなく、この関係に踏み出すことに躊躇してしまうというのも理解できる。

ただ、この③の関係は、友情関係の中では案外できていて、親友と呼ばれるような間柄では、「情熱的な努力」は不要な場合もあり、一度、その関係になってしまえば、努力をし続けなければならないというような義務感はなくなるのかもしれない。むしろ家族など、身近であればあるほど、親しければ親しいほどやってくれることが当然とな

り、感謝を示すことも少ない場合もあり、相手を満たす努力をすることにも無意識になりがちである。また、夫婦としてパートナーを自分で選択しているわけであるから、その一番身近なパートナーに対して、簡単にできることからやってみる、というのはそこまでハードルが高いことではない。

形だけでなく中身や気持ちがこめられていることは言うまでもないが、小さなことでも感謝の意を都度伝えることや、とにかくこまめに会話する、など、日々の行動に移すことがまず大事かと思う。ただ、こうして自分が行ったこと、言ったことに感謝の反応があることを期待してしまうのは、Ⅱ節で述べた「承認・尊厳欲求」を要求するレベルで、②ギブアンドテイクの域をでていないが、②から③への架け橋にはなりそうである。③ギブアンドギブが自然にできるようになることが「自己実現欲求」につながるかはわからないが、理想の夫婦関係の延長として、子どもや職場など、自分が親しくなりたい人から対人関係の質を変えていけることにはなりそうである。

(2)　家族の目標共有について

自分が結婚する前に、取引先で親しくさせていただいた方から、「将来どういう夫婦になりたいか、結婚を決める前にきちんと話をしておいた方がよい」と親身にアドバイスいただいたことがある。その方の例では「子どもを持つか持たないか」についての「決定的な家族観の違い」であった。筆者の場合、子どもがほしいかどうかは話したが、「なりたい家族像」の話まではできなかったことを記憶している。

夫婦でお互いをリードできないのは、未来の目的・ゴールを示せていないからであり、目的・ゴールが示せていたとしても、そのために今やるべきこと、手段を示せていないことに尽きると、教育流通会社ラーニングエッジ代表の清水康一朗氏からあるセミナーで聞いたことがある。

今の原因は過去にあり、その結果が今だとすると、未来にあるべき目的・ゴールを達成するためには、今何をすべきなのか、少なくとも見通せるようになり、この目的・ゴールと手段を夫婦で合意しておくことが、夫婦間のリー

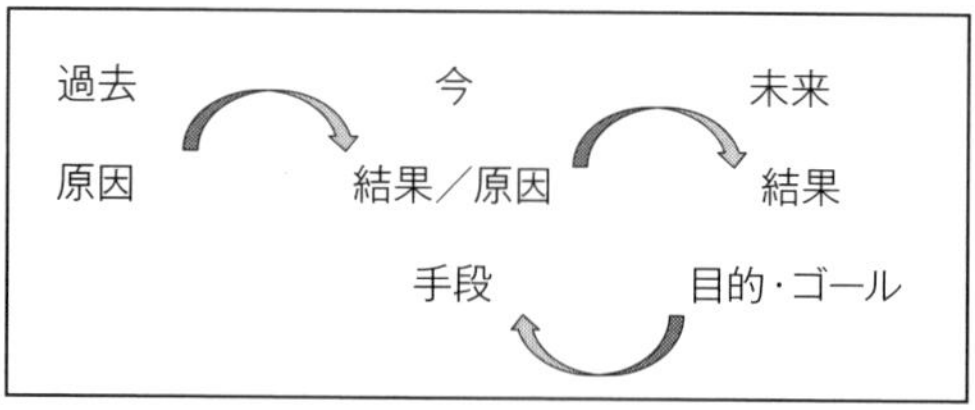

図６（アドラーの目的論より）

ダーシップであるということだ。これは、過去の出来事が、現在の状況を作っているとする考え方で過去を分析するものの（アドラーは人間の行動についてはこの原因論を否定し目的論を提唱しているが）、未来に対しては、目的論（人は何かの目的があって、今の状況、行動を作り出しているとする考え方）を夫婦間の関係にあてはめている。

ただ、この話は、企業活動の中で述べられるのはわかるが、夫婦間であてはめて考えるのは無理があるのではないか、という声もありそうであるし、現に、妻にこの話をしたら、「夫婦間でリーダーシップという言葉に違和感あり」と言われている。

パートナー間でもっともトラブルになりやすいのが、「言葉の食い違い」「気持ちのすれ違い」であると、心理学者のジョン・グレイ（John Gray, 2001）は『ベスト・パートナーになるために』で述べている。この本は、全世界で一、二〇〇万部を超えるベストセラーで、このパートナー間のすれ違いは、全民族共通であることを示している。この本で著者は、（目標達成や課題解決のように）自分の能力の証明をしたいがために、つい相手に対して忠告や説教に入る男性に対して、「仮にあやふやでとりとめのない話であったとしても、とにかく真剣に聴いて相槌をうつべし」と、「共感」の大切さを訴えている。

確かに、傾聴のコミュニケーションがまずできるということが大前提にないと、将来どうなりたいか、という話に進んでいかない。筆者自身は先程のとおり結婚前から「あるべき家族像や家族の目標を掲げ、だからこういうことをやるのだ」、などと主体的、積極的に提案したことも正直少なかった。どちらかと言うと妻の方が、「明確にこうなりたいという具体的な目標、ゴール」をもち、「そのために何を準備するか」などよく話し合いを求めてきたことを覚えている。これまでのところは、我が家のリーダーシップは（違和感ある前提で）妻がとってきたと言えそうである。

ただ、人生百年時代である。私たちも銀婚式は過ぎ去り子どもも独り立ちを迎え、まだ先は長い。日常行動については、前掲した「できることからまず自分がやってみる」で小さな効果を実感していくことはやれるかもしれない。また、今後は、妻だけでなく、筆者も、子ども達も、妻の両親も、最近付き合いが多くなったご近所や、高校の同級生たちも含めて、個人や皆で時には一緒に描く未来に対して、目的論を利用していかないと、残りの人生もったいないと思うわけである。

2　父親

(1)　親の役割

池田晶子（二〇〇三）の『14歳からの哲学』では、人間以外の動物の親は「子どもの独り立ちまで、危険から身を守って育てる」という生物学的な役割があるが、人間の親は、加えて「人生の真実を教えること、具体的には、何が危険で、何が大事で、人はどのように生きるべきか」を教える役割もあるとしている。

われわれ夫婦は、男女雇用機会均等法第一世代（一九八六年〜一九九〇年入社）で、長男が生まれる一九九六年当時は総合職の女性が出産後も働き続けられる環境作りがちょうど各企業、自治体で本格的に始まったあたりであった。そもそも親になるための教育など受けたこともなく、具体的に手本や頼りになるのは自分や妻の親くらいで、妻の母親からは子どもを保育園に預けて妻が働き続けることに当初は難色も示された。結局は、夫婦で手当り次第、育児本、ノウハウ本、人生論など読み漁り、『父子手帖』（汐見、一九九四）や教育学、保育学でも有名な汐見稔幸氏の本には特にお世話になり、区が主催する講演会でも直接お話を拝聴した記憶がある。ただ、そこで教えてもらう父親の役割も、子育てそのものも、父親が家事、育児を率先して行う必要性が述べられていて、自分たちの親から教わることとは随分異なっていた。

また、保育園、小学校、中学校と子ども達の学齢があがるとともに、子どもから「人間は何故死ぬのか」「善悪」「心はどこにある」など、親としても簡単には答えられないような、純粋な疑問をぶつけられることもあった。その都度、深く考えることもなく適当に答えていたので、子どもからは、「親も大してわかってないな」と見切られてきたのかもしれない。また、子どもが就職活動を迎えるにあたっては、「自分の適性」「どんな職業、どこに就職するのか」という具体的な話の前に、そもそも親として「何のために働くのか」「人生の意味」など自分なりの考えを子どもに話す機会も増えたものの、その答えに「ほんとうにそうか」と改めて思う日々でもあった。「子どもの独り立ちまで、危険から身を守って育てる」は何とかやれたとしても、「人生の真実や、人はどのように生きるべきか」など、考えることすらできていなかったことを思い知らされたのも事実である。

以下では、時代も毛色も全くわれわれ夫婦の環境とは異なるが、TVや本で気になった、二人の父親としての姿をみてみたい。

世紀の大事業と言われた「瀬戸大橋建設プロジェクト」本州四国連絡橋建設計画の工事指揮官、瀬戸大橋・坂出工事事務所長　杉田秀雄氏の晩年の生き方が印象深い（『プロジェクトXリーダーたちの言葉』今井、二〇〇四）。世紀の大工事の責任者でありながら、並行して、末期癌の病床の妻を看取り、三人の娘たちの身の回りの世話も行っていただけでも、壮絶である。その後、将来を嘱望されながらも一線からは身を引き、中学二年生の長女を筆頭に三人の娘たちを、仕事と家事をこなしながら清貧ともいえる生活でも男手一人で育てあげ、六十二歳の若さで亡くなる。

「私は自ら志を立てることもなく、人生何をなすべきかも分からないまま世の中に出てしまったのですが、出たとたんに次から次へと具体的な目標を与えられたものですから、常に何をなすべきかではなく、如何になすべきかだけを考えていればよかったのです。瀬戸大橋の仕事もその延長線上でした。それはいくら難しくても本質的には単純なことなのです。目標に対して迷うことがないからです。迷うひまがなかった人生も一つの人生ではありますが、それは語るに値しません」「人生の深みは、人間的な迷い、悩み、苦しみの深さを通して生まれるものだと思います」（今井、二〇〇四）

杉田は、「瀬戸大橋と娘たちを育て上げる」という大きな仕事をただ、黙々とやり遂げこの世を去っていく。『経営戦略の考え方』（沼上、二〇〇三）のあとがきで、作者沼上幹氏の父親について紹介している内容がある。作者の父親は定年後も地道に六十八歳まで企業人として勤め上げた方であるが、息子の作者が大学院進学に際して、人間としての成長を思い、あえて経済的な援助はせず大人として接した父親の姿が描かれている。末期癌の際にも、治療法について最後まで思い悩む妻や息子を気遣い、「いつまでも決めないわけにはいかない。どこかで右にいくか、左にいくかを必ずきめなければならない」と言って粛々と決断を下しその後不平も後悔も一切口にしなかった姿、「最期まで自分のことは自分で責任を取り、自律した人間として毅然として生きていた父」の話が出てくる。

お二人共に社会的な功績や成果は言うまでもなく、「親として、人間として、何を残せるのか」、ご自身でも死ぬまでそれを考え続け、結果として、子どもや周囲の人たちに言葉ではなく、生き方、態度でそれを示された例であると思う。それでもなお、

「橋を作る経験がひとより余計にあったからといって、これは人生の価値とは全く別のことなんです。人生の価値とは何か、偉大なる人生とは、どんな人生を言うのか。これは非常に難しい問題なんです。瀬戸大橋を作るより、はるかに難しい問題です」（今井、二〇〇四）

と杉田氏ご自身で結ばれており、それほど、人生の価値や真実を見つけ、言語化して伝えるということは難しいことを示している。

自分自身については、前述のお二人に比べるまでもなく仕事や人生経験も乏しく、先のとおり言葉で伝えられることは見当たらないのであるが、少なくとも「市民－法人」「個人－家族」の経験を通じて、「なんのために生きるのか（人生の目的）」「どのように生きるのか」について次の項目以降で考えてみたい。

(2) 子どもに伝える生き方（「どのように生きるか」「如何になすべきか」）

「なんのために生きるのか、（人生の目的）」に入る前に、まずは、「どのように生きるか」「如何になすべきか」について少し考えてみたい。

世の中を見回したときに、結果を出している人、人から好かれている人、（精神的に）豊かな生活をしている人、この人と関係を深めたいと思うような人、に共通している特徴があるように思う。一言で言うと、「見返りを求めない価値提供」ができる人であり、相手に先に与える人、先に貢献する人、とも言えるかもしれない。前項の「1 夫婦 (1)自立して貢献し合う関係」の中で、述べた、「ギブアンドギブ：お互いが相手の役に立ちたい貢献したいというような直接的な見返りを求めない関係」を周囲の人と構築できる人とも言い換えられるかもしれない。この関係を身近なところからさまざまな関係に広げていくことは、人間関係を豊かにし世の中に貢献していく上での基本的な態度として、「どのように生きるか」「如何になすべきか」の一つの考え方であるように思う。

「見返りを求めない価値提供」ができる人は、周囲の人を、「いつも喜ばせたり、幸せな気持ちにさせたりしている」のであるが、その相手が喜ぶ行動例を、具体的に列挙すると、

- （相手が欲しい）モノをあげる、プレゼントする、以外にも
- SNSで家族、友人に感謝の言葉を気軽に送付する
- 悩んでいる、元気がなさそうな人に励ましのメッセージを送る

- いつも笑顔で、挨拶も欠かさない
- 感謝の気持ちにあふれ
- 積極的に人の話を傾聴してくれる
- 相手に関心をもって、随所で長所や良いことをほめる
- 楽しい企画を考えて実行することも厭わない
- 相手をいつも応援し、相手の健康や願いを一緒に祈る

など、があげられる。これらは、相手にとって、マズローのいう、所属・愛情欲求、承認・尊厳欲求を充たすものであり、本当に「見返りを期待しない」のであれば、人間関係を豊かにし世の中に貢献していく、という意味で、自分にとっては自己実現欲求を充たす要素になるのかもしれない。

ただし、これを別の面から検討する際に参考になる概念として「返報性の原理」(『影響力の武器』(チャルディーニ、二〇〇七)がある。

「返報性の原理」とは、他人がこちらに何らかの恩恵を施したら、似たような形でそのお返しをしなくてはならないという人間関係、交流、交換など、文化の基本的なルールである。それは、文化、地域、国を超越して働くものであり、将来にわたってお返しの義務感をうえつける。社会のメンバーはこのルールを忠実に守るべきこと、守らないと重大な社会的不承認を被ることを、幼少から叩き込まれる。

返報性のルールの特徴として、①極端な威力、があり、「返報性」の方が「好意」(人は自分が好意を感じている知人に対してイエスという傾向がある)より強力。プレゼントをもらった後の方が高い保険契約に入りがちな例など。②借りをつくる相手は選べない(望みもしない恩恵に恩義を感じてしまう)、にもかかわらず、与える義務、受け取る義務、お返しする義務が生じる。③不公平な交換、小さな行為でも大きなお返しを生む場合もある。加えて、④返

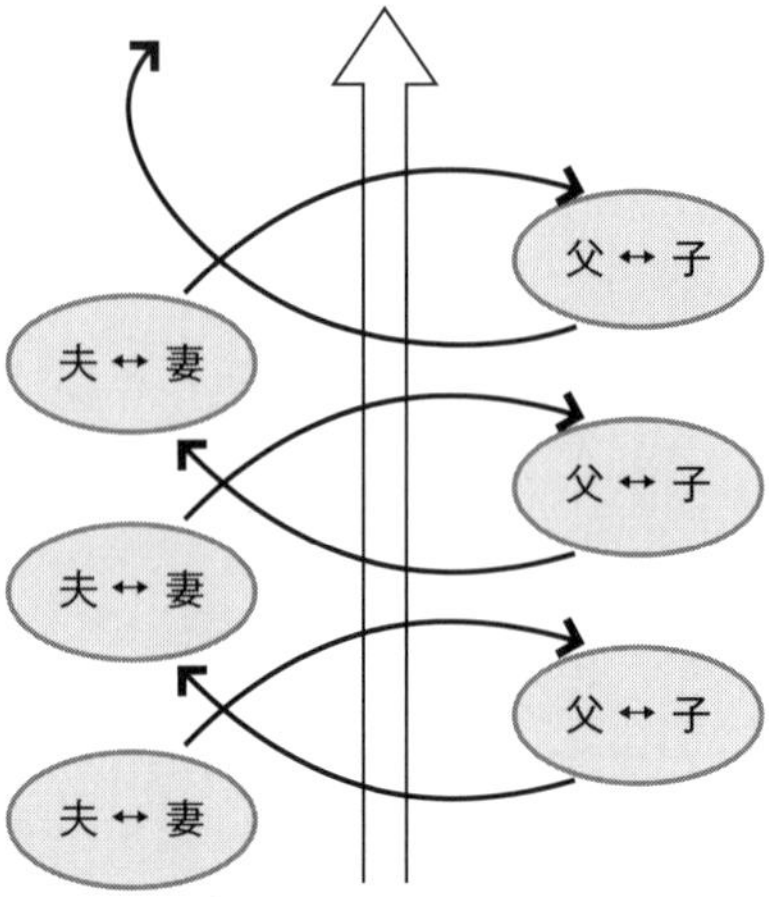

図7「成長と貢献のスパイラルアップ」

報性のルールを破って、他者の親切にお返しをしないと集団メンバーから嫌悪され、またお返しの機会を認めない人も嫌悪される、などあり、無意識の中で「返報性の原理」が働くことになっている。

チャルディーニが指摘する「返報性の原理」がベースに存在しているため、「見返りを求めない価値提供」を行うことは結果としてさまざまな見返りや協力を引き出す行動であることがわかる。裏を返すと、この「返報性の原理」を上手く利用して、「さまざまな見返りや協力」を得ることができるため、「見返りを求めない価値提供」の行為だけをみて、その道徳性を判断することはできない。「他人の幸せを願うことは願うが、それは幸せな他人の存在によって間接的に自分に対する好ましい影響を期待するために」（シュタイナー、二〇〇二）、その行為をしている場合は、「倫理的個体主義」の観点で「道徳的想像力」を持ち発揮しているとは言えない。

少なくとも、なぜ「見返りを求めない価値提供」を行うのか、を探る意味でも、「なぜ生きるのか（人生の目的）」も考える必要がありそうである。

3　私的役割のケーススタディまとめ

本節の冒頭で、鷲田（二〇〇六）が言う「物の軽重をわきまえる判断力」「分からないなかでも正確に対処する力」を私的役割で身につけたい力であると定義した。上記1・2項のケースの中で見てきたように、必ずしも自分がその力を身につけ発揮できているわけではない。

ただ、I節3項で、自己実現は、「成長と貢献」であるという仮説を述べたが、今まで見てきたように、夫婦、父親といった各々の役割がその実現の場であったと考えている。

つまり、パートナー（夫婦）、父親として、哲学的な問いを持ちつつ相手に接することで、相手に貢献を行いながらその場の経験が本節の冒頭で説明した「認識力、道徳的想像力」や「判断力、対処力」を伸ばし成長させることができる。さらに、再度同じ役割の場で接するときには、主体が一段と成長できており、より質の高い貢献ができるという意味で、さらに、成長と貢献がスパイラルアップする場であると考えている。

このようにビジネスのみならず個人（「個人－家族（－民族－地球）」の流れ）としても哲学は役に立つことを示している。

V　私的生活に資する哲学的思考――個としての内面

最後に私的役割――とは言いがたいかもしれないが――個としての自分自身（の内面）においていかに哲学は資するものか論考する。

前節では、「見返りを求めない価値提供」は、伝えていきたい行動、姿勢として、「どのように生きるのか」「如何になすべきか」の必要条件と結論づけた。ただ「なぜ生きるのか（人生の目的）」を突き詰めていかなければ、「どのように生きるか」「如何になすべきか」にとって十分な条件にはなりえない。ここでは、『自由の哲学』『神智学』と並んでシュタイナーの四大主著の一つである『いかにして超感覚的世界の認識を獲得するか』(Steiner, 1909) のその第一章ともいうべき「条件」の中で、日々の仕事の励行や瞑想や集中の行を通じて「社会的にも人間的にも逞しく成長していく姿」さらに、その中で、「なぜ生きるのか(人生の目的)」を見つけ、生き生きと生きている人間像が描かれている。

「神秘学徒は毎日、わずかな時間でもよいから、日々の仕事とはまったく異なる事柄のために費やす時間を確保しなければならない。(中略) もしこの規則のために費やすべき時間が本当にもてないというのなら、毎日五分間だけでも十分である。むしろどのようにこの五分間を使用するかが大事なのである」

「彼は新たな、より充実した力をもって、日々の仕事に励むのである。彼の仕事、彼の苦労、それは壮大な霊的宇宙関連の下になされるのだ。(中略) かくして神秘学徒は確かな足取りでこの世の人生を歩む。人生が何をもたらそうとも、彼はまっすぐな姿勢を保って歩き続ける。それまでの彼はどうして働くのか、どうして苦労するのか、理解できなかった。今の彼にはそれが分かる」

日常の社会生活を変化させる必要はなく、これまで同様、日々の稼業に従事するなかで「何故生きるのか(人生の目的)」を自分なりに理解できるようになり、より一層今を力強く生きるようになる。

シュタイナーを読み始めたきっかけは、ただ、息苦しい現代社会で生きる目的について漠然と思い悩む中で、「確かな足取りでこの世の人生を歩む。人生が何をもたらそうとも、彼はまっすぐな姿勢を保って歩き続ける」ようになりたいと、ある種、憧れのような軽いノリであった。本の中身は一読してそうなれるような類のものでは全くない。ただ、「いかにして超感覚的世界の認識を獲得するか」の実践の中に「何のために生きるのか(人生の目的)」「どうして働くのか、どうして苦労するのか」のヒントがありそうであることは示されている。次項では改めて「何故生き

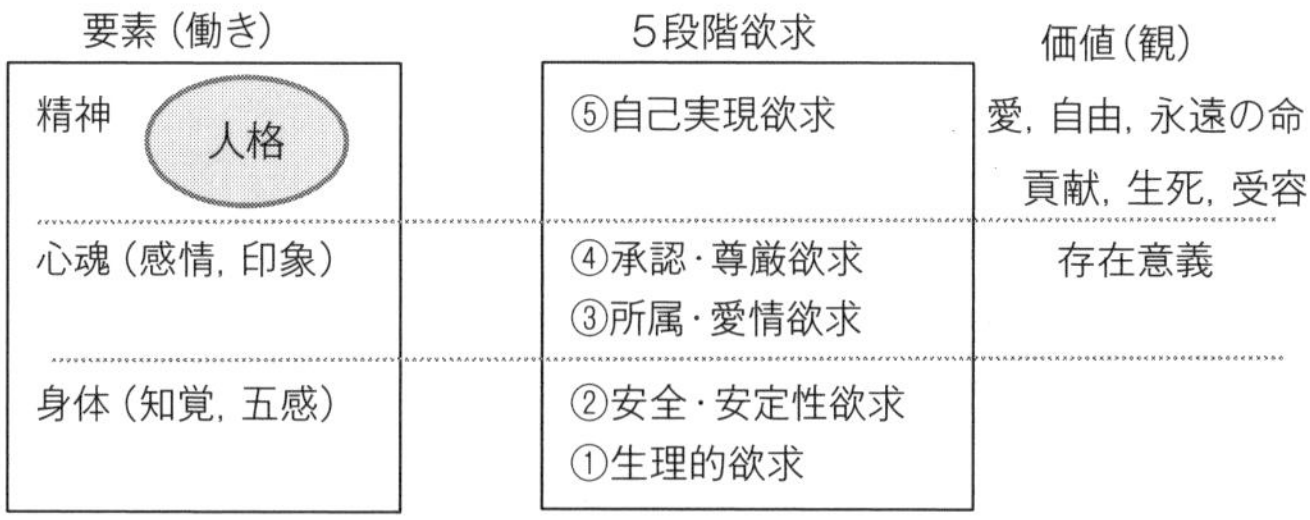

図８　フランクルの心身論とマズローの５段階欲求説

るのか（人生の目的）」について考えてみたい。

１　内面の考察――ヴィクトール・フランクルを参照して

ナチスの強制収容所で四年を過ごした精神科医のヴィクトール・フランクル（Viktor Emil Frankl, 1905－1997）は、『夜と霧』に以下のとおり記している。

「強制収容所の人間を精神的に奮い立たせるには、まず未来に目的をもたせなければならなかった。被収容者を対象とした心理療法や精神衛生の治療の試みがしたがうべきは、ニーチェの的を射た格言だろう。『なぜ生きるのかを知っている者は、どのように生きることにも耐える』」（フランクル、二〇〇二）

これは、ナチスの強制収容所という極端な環境ではあるが、想像を絶する過酷な環境の中でも、未来に待っている期待（仕事や愛する人間）を自覚することで、自分が「なぜ」生きるのか（目的）を持ち、「どのように」にも耐えられた実例を表現したものである。

前節の杉田の言葉、「何をなすべきかではなく、如何になすべきかだけを考えていればよかった」は、具体的な目標があれば（「橋をつくる」「妻を看取る」「三人の愛する娘を育て上げる」）、どんなに大変な苦労も「如何になすべきか」で果たすことができたことを示し、まさに、ニーチエの格言を体現したものでもある。

寺石（二〇一六）「シュタイナーとフランクル比較の試み」によると、フランクルは「人間を精神・心魂・身体と分けた際、精神はいわば使う側であり、心魂と身体は使われる側である。そのため心魂と身体は精神の道具だとされている。彼によれば心魂や身体からの影響・束縛に精神が打ち克つことこそが、人間らしく生きることに他ならない」とし、さらに、精神の中核に人格を据えている（シュタイナーは、人格ではなく自我として捉え心魂側に近い存在と位置づけていた）。

以下では、極限状況に置かれていた収容所の人間（マズローの欲求五段階の低次元の欲求も満たさないような）が、「なぜ生きるのか（なぜ死を受け入れられるのか）」をどのように獲得できたのか、『夜と霧』の中から具体的に拾ってみたい。

事例1　内面への逃避「おぞましい世界から遠ざかり、精神の自由の国、豊かな内面へと立ち戻る道」「愛する妻の精神的な存在（本質）を精神力で呼び出すことで満たされること」「妻が生きているかどうかは関係ない」

事例2　精神の自由「あたえられた環境でいかにふるまうかという、人間としての最後の自由」「わたしたちを取り巻くこのすべての苦しみや死には意味があるのか、という問い」

事例3　運命（賜物）「不治の病、死を『天の賜物』として、運命を好機として受け取る」「死を控えた最期の数日、ひどい運命に感謝しつつ、窓外の木と会話。「木はこういうんです。わたしはここにいるよ、わたしは、ここに、いるよ、わたしは命、永遠の命だって……」

事例4　教育者スピノザ「強制収容所の心理学をテーマに講演会をやる未来」

事例5　生きる意味を問う「生きるとはつまり、生きることの問いに正しく答える義務、生きることが各人に課す課題を果たす義務、時々刻々の要請を充たす義務を引き受けること」「わたしたちが生きることからなにを期待するかではなく、生きることがわたしたちからなにを期待しているかが問題なのだ」「要請と存在することとの意味は、人により、また瞬間ごとに変化する。したがって、生きる意味を一般論で語ることはできないし、この意味への問いに一般論で答えることもできない」「生きることとはけっして漠然としたなにかではなく、つねに具体的ななにかであって、したがって生きることがわたしたちに向けてくる要請も、とことん具体的である」

事例6　苦しむことはなにかをなしとげること「苦しむことが課題」「どれだけでも苦しみを尽くさねばならない」「横溢する苦しみを直視することは避けられなかった。気持ちが萎え、ときには涙することもあった。だが、涙を恥じることはない。この涙は、苦しむ勇気をもっていることの証だ」

事例7　なにかが待つ「父親の帰りを待つ、目に入れても痛くない愛している子ども」「自分を待っている完結していない研究テーマ」「自分の仕事や愛する人間に対する責任を自覚した人間は生きることからおりられない」

この中で、事例1は、一見、③の所属・愛情欲求に見えるが、愛という普遍的な価値を表しており、真善美に通じる⑤の高い価値であると考えられる。事例4、7は、④承認・尊厳欲求、③所属・愛情欲求も含んでいるが、やはり、与える愛や他者への貢献という意味で、⑤の高い価値も含まれている事例と捉えることができる。

中でも、事例2、3、5、6は、生きることの意味を、自ら考え抜き、生きることが各人に課す課題を見つけ、果たす義務を引き受けているとみることができる。「生きることとはけっして漠然としたなにかではなく、つねに具体的ななにかであって、したがって生きることがわたしたちに向けてくる要請も、とことん具体的であり、人により、また瞬間ごとに変化する」というあたりに、「何故生きるのか（人生の目的）」の答えがありそうである。

ただし、①～③の欲求についてはある程度の努力により満たすことができる環境にいる場合、⑤のような高い価値、欲求を考えること自体が少ないと考えられる。事実、I節2項で、企業における人事評価を考えた際も、④承認・尊厳欲求を如何に充たすか、でほぼ事が済んでおり、⑤自己実現や愛などのより高い価値、欲求については、個

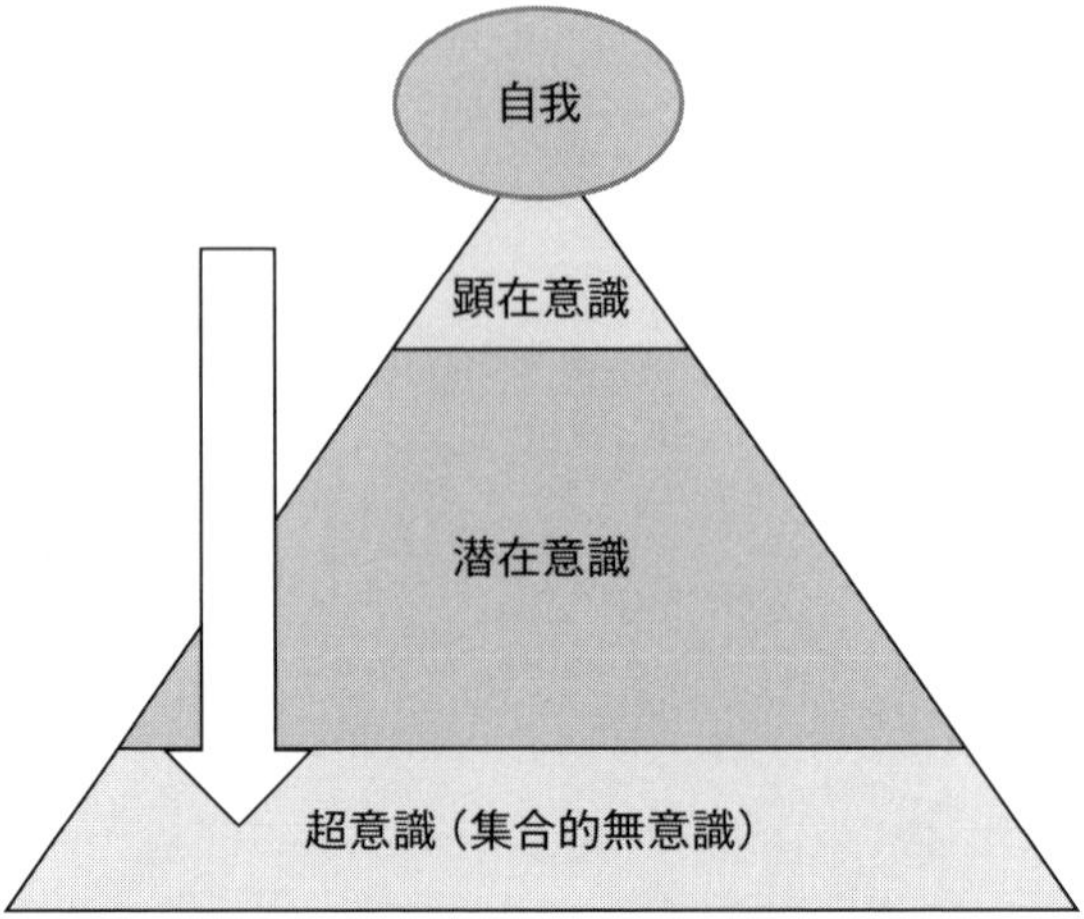

図９　自我、顕在意識、潜在意識、超意識の関係

人の課題、という状況である。言い換えると、「何故生きるのか（人生の目的）」を考えなくても済んでいる現状下で、この個人の課題とも言える「何故生きるのか（人生の目的）」や「自己実現」に如何に取り組んでいくのかである。

２　内省による人格陶冶

シュタイナーより時代は下るが、二十世紀最大のキリスト教神秘家と言われるスティリアノス・アテシュリス（Stylianos Atteshlis, 1912-1995）、通称ダスカロス（ギリシャ語で「先生」）は、キプロス生まれで、現代ギリシャ語、古代ギリシャ語、トルコ語、ラテン語、ロシア語、英語、フランス語、イタリア語、サンスクリット語、アラム語、そして古代エジプトの象形文字など数多くの言語に通じ、イギリスに留学した際には、哲学博士と神学博士その他の学位も取得している思想家である。数々のヒーリングを行い、多くの人を困難な病気から救っている。彼は、多くの神秘家、ヒーラーを育てたのであるが、いかなる既成の教団にも所属せず、彼の教えは、独自の解釈によるものであることで知られている。また、このヒーリングでも、一切の対価を受け取らなかったとされている（ダスカロス：日本語版ＨＰ［http://www.daskalos.jp/］より）。

ダスカロスは、誰もが人生の出来事を経験するなかで、自らの関心を外側から内面に向けていくことになるとしている。その具体的な手法として、「内省」を推奨している。

「内省とは、潜在意識のベールをはがして、自己意識によって今まで隠れていた潜在意識を見ようと努力することです。すると、今まで気づかなかった行動の理由や、本当の動機がもっとはっきりわかってきます。それは潜在意識を浄化するプロセスであって、そうすることで自分自身をより深く理解できるようになると同時に、自分の考え、感覚、欲望、行動を、かつてなかったほどコントロールできるようになるのです」（ダスカロス、二〇〇三）

ダスカロスは、通常の人間の場合は、七〇～八〇％が潜在意識となっており、内省により自己を観察することを通じて、潜在意識にある自己の思考、欲望、野心の源もみえてくると述べている。潜在意識にはエゴイズムが充満しており、「ジャングルを刈り込んで整える」ことによって、潜在意識の部分を顕在化していくことが重要であることを示している。

具体的な内省のやり方は、『エソテリック・プラクティス』を参照いただくとよいが、特に内省のときに意識することとして、以下をもとに、自分の思考、願望、言葉、行動を振り返り、エゴイズムの源泉となる考え方や感情、欲望の源を明確にし、高い価値へ入れ替えていくことである。

- 思ったり感じたりすべきでなかったことで、思ったり感じたりしてしまったことは何か？
- 思ったり感じたりすべきだったことで、思ったり感じたりしなかったことは何か？
- 言うべきでなかったことで、言ってしまったことは何か？

- 言うべきだったことで、言わなかったことは何か?
- すべきではなかったことで、してしまったことは何か?
- すべきだったことで、しなかったことは何か?

（ダスカロス著『エソテリック・プラクティス』）

さらに、その底辺を超意識とするなら、瞑想など集中の行を通し、深く沈潜し、「内なる良心」やもっと高い精神的なものにアクセスできるようになるとしている。

前項で、フランクルは、「生きるとはつまり、生きることの問に正しく答える義務、生きることが各人に課す課題を果たす義務、時々刻々の要請を充たす義務を引き受けること」であり、自分に起こる日々の出来事は、たった一度だけ任された責務として、喜びも悲しみもあらゆる日常の出来事もすべて自分以外の誰も引き受けることができないものとして「自分が引き受け尽くす」ことが生きる意味としていた。

このダスカロスの内省は、そうした日々自分におきることをその場で受け止める「引き受け尽くす」ことに加えて、毎夜、自分の思考、願望、言葉、行動に立ち入って、振り返ることによって、生きる意味をさらに問い直す作業になると考えている。生きる意味に一律の解はない。個としては、自分固有の自分だけの課題を「引き受け尽くす」とともに、毎夜の「内省」を通じて内部に沈潜していくことで自分なりの「生きる意味」を見つけ探るのである。

その意味では、内省など人格の陶冶に関わる行為は、「個」としての自分に資する哲学になるといえそうである。

Ⅵ　結論

本章ではシュタイナーの『自由の哲学』を主な材料として「なぜ日本のビジネスパーソンは哲学を活用すべきなの

か」を考察してきた。「哲学」は「自ら考え判断し人と向き合う力」という意味で、現在の「ビジネスパーソン」にとって必要不可欠なものだといえる。

また、ビジネスパーソンとしての役割と表裏一体の「私」としての活動（夫婦や父親）などにも役立つとも言えそうである。

「哲学がビジネスパーソンにとって必要か」を考える上では、ビジネスパーソンの公私の役割を超えて「個」として一人の自分自身に向き合うという姿勢が重要なのである。今を生きる個人にとって、内省を繰り返すことにより、欲求を高度化し、人生の意味・目的を明確化していくことが、まさに真の意味で自由な存在になることになる。

このように「人間存在」の社会的（公的）役割・私的役割の分類を超えて、存在それ自体に資する哲学を活用することは、豊穣なる人生に必要だと結論づけることができる。

〈参考文献〉

スティーブン・R・コヴィー［フランクリン・コヴィー・ジャパン訳］（一九九六）（Stephen Richards Covey）『7つの習慣―人格主義の回復』キングベアー出版

ロバート・B・チャルディーニ［社会行動研究会訳］（二〇〇七）『影響力の武器（第二版）―なぜ、人は動かされるのか』誠信書房

ダスカロス［須々木光誦訳］（二〇〇三）『エソテリック・プラクティス―キリストが遺した瞑想法とエクサイズ』ナチュラルスピリット

P・F・ドラッカー（Peter Ferdinand Drucker）［上田惇生翻訳］（一九九五）『新訳 経営者の条件』ダイヤモンド社

P・F・ドラッカー［上田惇生訳］（二〇〇〇）『プロフェッショナルの条件――いかに成果をあげ、成長するか』ダイヤモンド社

ヴィクトール・E・フランクル（Viktor Emil Frankl）［池田香代子訳］（二〇〇二）『夜と霧（新版）』みすず書房

ジョン・グレイ（John Gray）［大島渚訳］（二〇〇一）『ベスト・パートナーになるために―男は火星（マース）から、女は金星（ヴィーナス）からやってきた』三笠書房

原田隆史（一九九七）『目標達成ノート』ディスカバリー・トゥエンティワン

池田晶子（二〇〇三）『14歳からの哲学』トランスビュー
池田晶子（二〇一〇）『残酷人生論』毎日新聞出版社
今井彰（二〇〇四）『プロジェクトXリーダーたちの言葉』文藝春秋
井上示恩、中澤貴生、渡邉浩充、他「未来を見すえた高校公民科倫理教育の創生―〈考える「倫理」〉の実現に向けて」（二〇一五年五月二十八日　日本学術会 議哲学委員会哲学・倫理・宗教教育分科会）
神田良、ヴィッキー・テンハッケン、藤田晶子、他「長期存続企業経営の日米比較―アンケート調査から発見された共通性と相違性」（二〇一三年『明治学院大学産業経済研究所研究所年報』）
北川舞衣、森本祥一（二〇一三）「テーマパークにおける従業員教育の情報システムとしての成功要因―東京ディズニーリゾートの事例」（二〇一三年秋季全国研究発表大会　経営情報学会主催）
厚生労働省（二〇一九）「令和元年版　労働経済の分析―人手不足の下での「働き方」をめぐる課題について」(https://www.mhlw.go.jp/wp/hakusyo/roudou/19/dl/19-1.pdf)
アブラハム・マズロー（Maslo, Abraham H. 1943）［金井壽宏監訳、大川修二訳］（二〇〇一）『完全なる経営』日本経済新聞出版社
水野一郎（二〇一一）「京セラアメーバ経営の展開―JALの再生を中心として」（『関西大学商学論集』第五七巻第三号所収）
本山博、稲盛和夫（二〇〇九）『人間の本質』PHP研究所
中野好夫（一九八三）『中野好夫集』弥生書房
日本学術会議哲学委員会（二〇一五）「提言　未来を見すえた高校公民科倫理教育の創生―〈考える「倫理」〉の実現に向けて（https://www.scj.go.jp/ja/info/kohyo/pdf/kohyo-23-t213-1.pdf)
野口孝之（二〇一〇）「ルドルフ・シュタイナーの初期哲学」（二〇一〇年『東京大学宗教学年報』）
沼上幹（二〇〇三）『組織戦略の考え方』筑摩書房
アンソニー・ロビンズ［本田健訳］（二〇〇六）『一瞬で自分を変える法』三笠書房
重松清（二〇一〇）『カシオペアの丘で　上・下』講談社
清水康一朗［セミナーズ編集部訳］（二〇一四）『一瞬で「最高のリーダー」になれる40の言葉』PHP研究所
汐見稔幸・長坂典子・山崎喜比古（一九九四）『父子手帖―お父さんになるあなたへ』大月書店
小学館国語辞典編集部編（二〇〇五）『精選版　日本国語大辞典』小学館
ルドルフ・シュタイナー（Rudolf Steiner, 1886）［浅田豊訳］（一九九一）『ゲーテ的世界観の認識論要綱』筑摩書房

ルドルフ・シュタイナー（Rudolf Steiner, 1894）［高橋巖訳］（二〇〇二）『自由の哲学』ちくま学芸文庫
ルドルフ・シュタイナー（Rudolf Steiner, 1904）［高橋巖訳］（二〇〇〇）『神智学』筑摩書房
ルドルフ・シュタイナー（Rudolf Steiner, 1909）［高橋巖訳］（二〇〇一）『いかにして超感覚的世界の認識を獲得するか』筑摩書房
高橋巖（二〇〇〇）『神秘学入門』筑摩書房
田坂広志、堀義人（二〇二〇）「リーダーの挑戦② リーダーが身に付けるべき知性と死生観」GLOBIS 知見録（https://globis.jp/article/7902）
寺石悦章（二〇一六）「シュタイナーとフランクル 比較の試み」（『人間科学』第三五号所収）
寺石悦章（二〇一七）「シュタイナーとフランクル 精神と心魂をめぐって」（『人間科学』第三六号所収）
寺石悦章（二〇二〇）「シュタイナーとフランクル：自由と必然」（『人間科学』第四〇号所収）
鷲田清一（二〇〇六）「哲学はおもしろい、哲学を楽しもう」（二〇〇六年十一月十九日 畑田家住宅活用保存会主催、大阪大学総合学術博物館協賛、「哲学フォーラム 鷲田清一先生のご講演と講演」）

第7章 産業心理臨床の中の哲学的な問いとは

池山　稔美

Ⅰ 「りんてつ」で刺激される自分事の問い

第1章では、「りんてつ」の実際について紹介をした。

大雑把に言えば、課題本の内容理解にとどまらず、その内容に刺激されて自分の中にある問いを考えていくという営みといえようか。「りんてつ」は真面目でありつつ自由であると感じられるのは、課題本の思索に拘泥しつづけることなく自分事の問いについて考えを深めていけるからであろう。当然ながら、考えるべき問いが自分の中にある（あるいはなんとなくそれを感じているというのも含めて）というのが前提になる。

皆で意見をまとめたわけではないが、それらの問いには特徴があるようだ。

個人的な葛藤や課題はもちろんだが、いろいろな社会の矛盾が溶け込んでいるようにも感じられ、抽象的で哲学的な内容でありながら身体感覚を伴っているもの。情報だけでは解決できず、時間があっても解決できず、誰かにお願いすれば事足りるようなものではないもの。一問一答で解決できるものでもないし、自分を棚にあげて責任者出てこい的なスタンスからは決して出てくるものではないもの。そういったものだ。

ちなみに、それが生じるタイミングを心理臨床で考えてみると、終結に近づいているときとか、とりあえず事案をひと山越えたようなときという感じだろうか。

本章では、「りんてつ」の場で、考えることが刺激されるという問いとはどんなものであろうかということについて、産業心理臨床をモチーフにして考えてみたい。これは、ある程度具体性があったほうがいいので架空の事例を使って述べてみたい。

本来ならその問いをいろいろ考察し思考を整理していくというのがオーソドックスな論文の流れなのかもしれないが、腑に落ちる答えは出ないだろうということも経験的にわかっていただけると思う。日常生活においてそういったものが立ち現れても、なんとはなしに心の隅に放置され時々思いついたように眺めてみるくらいが関の山なのである。よって、本章の役割は、問いが生まれるところを概観し、その問いにはどんな特徴があるかということを考察してみることとする。

Ⅱ　産業心理臨床をモチーフにして

1　立ち位置を考え続けてきた産業心理臨床

産業心理臨床は心理臨床の分野としても比較的新しいというだけでなく、心理職や福祉職ではない多くの一般社会人の目に囲まれたなかで営まれるというのが特徴である。理由はそれだけではないが、産業分野で働く心理職は、自分に課された仕事はなんだろう、自分に期待されることはなんだろう、専門職としてどのようなやり方で支援をするのが有効なのだろうなどということを常々意識せざるを得ない。配置当初のスクールカウンセラーも同じ経験をしていると思うが、皮肉を含めて言われることがあったようだ。「相談室に閉じこもってばかりいて何か大切なことをやっているのか」「個人への対応はいいが組織へのコミットはしてくれないのか」等々。それらの意見に対して、常に自分の役割を振り返る必要があった。

新田は、産業心理臨床の特徴とその中で求められる役割と視点について、「しかし、どの領域でも同じことであるが、とりわけ産業領域の心理臨床においては臨床心理士の役割は多様であり、対象となるのは個人ばかりではない。その人をとりまく職場環境、さらには企業組織の全体を視野におくことが重要となる」と述べているところであり、組織に関わる臨床心理士のアイデンティティをサイコセラピストからコーディネーターへ少し移動させること、あるいは、サイコセラピーの視点を生かして組織に関わることなどに言及している（新田、二〇一六）。

他方、企業や組織の側も、ここ二十年ほどの間にいろいろな変化をしている。

国は、平成十八年三月に「労働者のこころの健康の保持増進のための指針」を発出した。本指針は、作業環境を快適な状態に維持管理する労働安全衛生法第七十条の二第一項の定めに基づいて、健康教育を適切かつ有効な実施を図るための指針として発出されたものである。加えて、直近の平成二十七年度の労働安全衛生法の改正では、一定数以上の職場におけるストレスチェックを義務化するなど、社員のこころの健康に留意するよう取り組みが強化されてきている。全体としては、企業も組織内のメンタルヘルスに対する整備をしており、少なくとも産業心理臨床への理解も少しずつではあるが広がっているようにも思われる。

しかし、個別具体の話になった場合にはいろいろな思惑が交錯する。

企業は経営を継続していくことが大前提である。そのため社員の能力や生産性に重きをおくことになり、そうではない社員への過度な教育や、ときには退職勧奨をするために心理臨床の知見が用いられる場合がないとはいえない。

これらの是非は個別具体の問題であるので、一概に良いとか悪いとかではなく、案件の中でぎりぎりの判断をせざるを得ないのだが、専門職として受けてきた教育内容と、企業・会社という組織の中で求められることの間に大きな矛盾や葛藤が生じることがあるのも事実である。要は「きれいごとではすまされない」ということなのだが、そんな場合にはそもそも誰の幸せに繋がるのかという問いに直面する。

そういった中で、産業心理臨床に携わる心理職は、自分の立ち位置や振る舞いについていろいろ模索をしてきたので、哲学的ともいえる問いが立ち上がるモチーフとしてもわかりやすいのではないかと考えた。これが立ち位置を取りあげた理由の一つである。

もう一つの理由は私自身のキャリアによる。

ここ十年程になるが、年に一、二回大学の通信講座のスクーリングを担当させていただいている。「組織におけるメンタルヘルスマネジメント」という講座を、丸々二日間、朝九時から夕方十八時近くまでというけっこう過酷？ な時間割で講義させてもらっている。受講されるほとんどの方は社会人の方で、下は二十歳台、上は六十歳を越えておられる方もいる。

毎度講義の最初にはこんなふうに自己紹介をする。


「初めまして。私の本業は病院の経営をしたり、福利厚生の仕事をしたり、人事部門で働いたりということになります。それと併せてですが精神科のクリニックで心理職として、主に働く世代の方々のこころのケアをしています。大学の先生でも研究者でもありません。ちょっと経歴は変わってはいますが皆さんと同じ街場の実務者です。メンタルヘルスの実務の中でいろいろな経験をしてきましたので、共有できることも多いと思います。この二日間、よろしくお願いします」

講義前の受講者は、これからどこぞの専門家が難しい疾病治療の話をするかと緊張されている場合もあるようだが、組織で仕事をしている自分たちと似たような視点をもっている講師なんだということでほっとされることも多い。まあ、一部は謎のキャリアだなとも感じておられるようでもあるけれど……。

いずれにせよ、たまたま自分自身がそういった複数の立ち位置をもち、いろいろな視点を得てきたので、話を広げていきやすいと感じているのが二つめの理由である。

2 たくさんの立ち位置の中で

もう少し立ち位置ということについて述べてみたい。

自分がある立ち位置で人と出会った瞬間、実は相手方の役割をも規定することに気づく。精神科クリニックのカウンセラーがカウンセリング場面で人に出会うとその方はクライエントという立ち位置になる。医師であれば患者と呼ばれ、上司であれば部下になる。妻と夫、教師と生徒というふうに、関係というのは相補的なものである。

一方、社会において人は複数の役割をもっている。例えば、ある社員と人事担当が病気休職についての話をするとしよう。人事という立ち位置からすると、ある部署の一社員ということになる。しかし、その社員は会社の中で誰かの上司であり、部下であり、グループのメンバーである。産業医に相談している社員という顔もある。それだけではない。家に帰れば、夫であり父であり妻であり母でもあるかもしれない。主治医の前では患者になるし、リワークに参加していれば他のメンバーとの関係でその一員だ。誰かの友であり、誰かの親族である。関係や立ち位置によっていくらでも変化する。ちょっと考えればわかることだが、クライエントはいくつもの顔をもっていることに気づくだろう。

多くの場合、支援する側は一つの顔――つまり専門とか役割――をもって、被支援者に出会う。その際、自分が一体何の役割を担っているかを自覚することや、クライエントの見えていない部分を想像し、そこを担当している他の職種がどのような対応をどのような考えのもとに行っているのかを想像することがとても大切である。

それに加え、今、社会は大きく変化している。新たな技術や仕組みが作られ、先端技術とされていたものが単に陳腐化するだけでなく、変化の疎外要因にもなっている部分もある。そういった環境が人の生き方やこころのありように大きく影響しているのは言うまでもない。心理臨床は社会のありようを強く反映するので、社会が変化すれば立ち位置が変わってくることもあるし、事案の見立て自体も大きく変わる。同じ疾病名であったとしても対応が変わるようなこともしばしばである。その意味で、心理臨床は、起きている社会変化の影響によって、クライエントと自分自身の立ち位置が変わる可能性があることを意識しながら対応する必要がある。

また、立ち位置を増やし実務をしてくると、当然ながらそれらが複数の支援者とどのように連携していったらお互いの良さを発揮できるのかということについて配慮しやすくなる。例えば、人事の立場で職場復帰案件に関わる場合、産業医や主治医に何をどう伝えるのがいいか、あるいは本人がどのような情報を知りたいのかなどということがわかりやすい。心理職の立場であるならば、クライエントに対し会社にこんな制度内容を確認しておいたほうがよいですよといったことが伝えられる。

逆に、そもそもこのあたりは考え方が違うんだよなというところもわかってくるようにもなる。医療提供と企業運営の間にある当然の矛盾、各業務の中にもともと含まれるパラドクス、一つの案件の中にある抽象的で答えの出にくい問いなどというものにも自然と目が行くようになってくる。経験上そんなふうに立ち位置を増やすなかで、哲学的な問いのようなものが立ち現れてくることが多くなっていくのかもしれないと思っている。

Ⅲ　哲学と身体感覚

1　哲学的ということ

「そもそも心理臨床って何なのだろう」という問いがある。これは、確かに臨床に関しての疑問ではある。が、クライエントの理解の話ではなく、理論や技法の話でもない。とても重要なのだけれど、ちょっと次元や抽象度の違う話とでも言ったらよいのかもしれない。といって、この問いを哲学というくくりだけで考えていってもよいものなのか。

私は専門的に哲学を学んでいないので、哲学用語の多くを操れるわけではないし哲学の歴史について語れるなどということもない。せいぜい「りんてつ」で、ニーチェ、ヘーゲル、ホイジンガー等々に触れたり、一般的なビジネスマンの教養レベルとして哲学の本を読む程度にすぎない。にもかかわらず、自分の中に立ち現れる問いを哲学的と表現し、取り組んでよいものだろうか。そのような疑問をもっていた。

このことについて、鷲田は、臨床側が哲学という営みを始めるということについて次のように語っている。

「哲学の名のもとでだれもが従う普遍的な方法などというものは、哲学には存在しないのである。だから、哲学は何かと問えば、一人ひとり答えが違うということが起こる。大げさに言えば哲学者の数だけ哲学の定義があるといえそうなありさまだ」

「また『心の病』の場合、治すというのはどういうことか？　はたしてそれは、トラブルが発生したその暮しの場所に戻れるようにすることなのか？　このような問いが立ち上がってきたら、それはもう哲学のゾーンに入っている。医学から哲学への領域を跨ぐという意味ではなくて、医療が哲学といういとなみを開始しているという意味である」（鷲田、二〇一四）

臨床心理学から哲学へ領域を変えて考えるということではなくて、いわゆる物事の基底の部分には必ず哲学的な思考を必要とする層があるというのが言わんとするところであろう。これは私が取り組もうとすることのずばりそのものであり、哲学という表現をとることを認め力強く背中を押してくれる言葉と感じる。

2　抽象的だが身体感覚が残っていること

さらに考えてみる。

そのような問いを哲学的だというのであれば、初めから哲学を学べばよいのではないかという考え方もあろう。先達のまとめあげた抽象的な哲学の思索を知ることで何か本質のようなものに到達すればよいのではないか。そういったオーソドックスなアプローチがよいのではないか、ということである。

これについては、確かに哲学の知見はとても役に立つのだが、こと心理臨床に関わる思索においては「帯に短し……」ということが多かったようにも感じている。あくまでも経験上のことなのだが、考える内容の抽象度が単に高いというだけでなく、こころと身体の双方で感じる何かの感覚を包含しているからではないかと考えている。抽象的なものだけを学ぶという方法論は、経験全体を包含したような、生々しく自分の全身でその経験を感じているという身体感覚を置き去りにした議論になる気がしてならなかった。

多くの哲学的思考は、思考する我と思考される対象を分けてなされる。一方、心理臨床は自分自身の身を晒しながら行われる。そこで行われていることを理解するうえでとても大きな違いだ。

サリバン（H. S. Sullivan）のいう「精神医学とは精神科医がその注意深い観察者であり同時に関与者であるようなたぐいの事象または過程を扱うところの、目下発展途上にある『科学である』とすればほぼ当たっているかと思う」というのは心理臨床も同様である（サリバン、一九九〇）。そしてそこで感じられる生身の感覚を、ロジャーズ（C. Rogeras）は官感的内臓的感覚、ジェンドリン（E. Gendlin）は feltsense（フェルトセンス）、精神分析では逆転移（counter transference）の自覚、土居健郎は不快感情と、それぞれ生々しい感覚を含んだ表現をしている（現代のエスプリ、二〇〇一）。詳細な点ではそれぞれ異なったところもあろうが、何かしらの身体感覚みたいなものや実感といえるようなものがあり、治療上それらに注目することを重視している。

心理臨床の後に哲学的な問いという形で立ち現れてきたものと比較してみると、それらの用語で示される内容ととてもよく似ていることに気づく。特に、ジェンドリンが挙げたフェルトセンスの八つの特徴（意識と無意識の境界領域、はっきりしない雰囲気・質、からだを通して体験、一つの全体として体験、一歩ずつ変化する、自分自身に近づいてくる、成長の方向性、理論的説明は後付けしかできない）と、本章で述べようとする哲学的な問いは、感覚的にとてもよく似ている（ジェンドリン、一九九九）。さらに、感じられた意味感覚が徐々に言語化されていくことをexperiencing（体験過程などと訳される）と呼び、体験の膨大な情報を自己の経験としていく過程としている。

治療途中の出来事と治療が一段落した後に何らかの問いとなったものとは、場面的にも時系列的にも異なっているように見えるかもしれない。が、治療後もそこでの体験はexperiencingし続けるのであるから、治療者の内面に継続的に起こる一連の営みであると理解するのが妥当であろう。

では逆に、身体感覚のない抽象的な言葉とはどのようなものだろうか。

例えば、復職支援をずっとやってきたが、職場復帰の望みかなわず解雇という帰結になったという場合を考えてみる。クライエントは退職して経済的に問題があるというだけではなく、居場所のなさとか社会に貢献できていないことから自分の価値は低いのだという感情を持ちやすい。身体はひえびえとした感じになり、自分自身が透明になったような感覚があるとさえ述べる方もいる。これを「フクショクシエントハナニカ」「シャカイコウケントハナニカ」「トウメイナカンカクトハナニカ」「シンリショクトシテナニガデキルノカ」という抽象的な言葉だけの切り出しをして本当の理解ができるものではない。

以上のように、哲学の用語の定義と論理の緻密さを学ぶということのみでは、身体感覚をともなって理解するということが難しいのではないかと感じている。

Ⅳ　架空事例でみる哲学的な問い

さてそれでは、哲学的な問いにまつわる架空事例を四つほど紹介したい。

産業心理臨床とか人事労務管理の実務に携わっている方々には、もしかすると日常的に経験されているような出来事かもしれないので、そこから出てくる問いというのも納得いただけるのではないだろうか。

いずれにせよ、課題はありつつその時々の行動選択をしていく中で、どんな点が考えどころで、どこにジレンマが含まれていて、そこに含まれる身体感覚が想像できれば御の字だ。

なお、これからご紹介する事例は、個人特性を排除し、伝えたい本質を損なわない形で内容を変更するとともに複数事例を組み合せたものにしている。足りないところはさらに連想を膨らませながらいろいろな可能性を想像していただければと思う。

1（架空事例1）「困っているのは誰だろうか」

「社外EAPで社内の相談業務に携わっている心理士B。人事部長Cが相談したいことがあるという。社の営業支援セクターにいる三十歳台後半の社員Aが病気休職を繰り返しているとのこと。もともとは優秀な職員であったが、前勤務での業務過多とその時の部下との関係から適応障害と診断され休職に。その後職場復帰し、業務調整を行いながら仕事をしているが、負荷がかかりすぎる場合は仕事量が多すぎるからという理由で、逆に軽作業では「周囲に申し訳ない気持ちがつよくなり疲労が蓄積する」とのことで休みがちになっているという。最近、上長Dに「よい業務配分にするためAさんの業務フローを見直そうと思っているのだけど」と直接言われたことで、また不安になり休みがちになっているとのこと。どうしたものか」

さて、まずは心理士Bの立場から考えてみる。

社員Aは体調を崩しており、ひとまず支援しなければいけない対象であると考えるかもしれない。そこに介入するというのも一つの選択である。仕事にどの程度支障をきたしているのか、食事や睡眠はとれているのだろうか、ストレス要因となっていることは何か、家庭に療養できる環境はあるか等々。どのような業務が適正なのかという調整を行う手伝いや、周囲の社員がAに対しどのような態度をとればいいかわからないので教えて欲しいなどというリクエストもあるかもしれない。もちろんこれは心理専門職であるというB自身の役割意識に由来するものと考えていい。意識しているいないとにかかわらず、資格とか専門職としての自覚に縛られることも多い。これは良いとか悪いとかの話ではない。焦点を、病んでいる社員に当てがちになるのはしかたがないことでもある。

一方、この会社は社外ＥＡＰに委託しているわけで、どのような契約になっているかというのが非常に重要な点である。契約上、Ｂが考えたようなことが求められているのであればそれでよい。Ｂの役割意識と契約内容がたまたま一致したということになる。ただ往々にして、会社からのリクエストはちょっと違うということがある。心理職に対し、実際に体調が悪くなった方のみではなくもっと広く社内全体を見て欲しいという希望をもっている場合がほとんどである。対象社員はもとより、その方の同僚、上司、管理職、人事部門、社のすべてが対象であると考えた上で調整していく必要がある。また、その社員の仕事場とか生活の確保（社会貢献と自己成長）と企業の論理（最終的には企業活動の継続と利益の最大化）は異なっていることがあり、極端な例で言えば勤務継続することが難しいと判定することを求められたというのも聞かない話ではない。組織論からすれば、心理職への依頼はパフォーマンスの低い社員を解雇するための手段と考えられることもあるということだ。個別具体のケースによるので、繰り返しのようであるが何が正解であるかは事案次第である。その場合には、専門職としてどう振舞うかは究極の問題といってもよい。

いずれにせよ、広く目を配ったうえで、人事部門がどのように動くのがよいのかというアドバイスが欲しいと思っている場合が多いと思われる。

このケースにおいて、例えば上長Ｄやそれ以外の周囲の社員の業務負荷はどうなるのか。前勤務で負荷がかかり過ぎて体調を崩したことに対し、Ａのみならず会社全体の風土と表現するしかないものは社員にどう影響を与えるのか。休暇、休職の制度はどのようになっていてどのように適用されるのか。会社のコンプライアンスは、外部への説明責任や採用等に影響するのか。複雑に絡み合った規定や風土の形づくる力動の中、社員全体の健康管理を進めていく手伝いをするのがBの役割として求められることがある。専門職ができることとできないことの区分けをしっかりもっていないと枠はどこまでも広げることはできるし、逆に、できることが狭すぎたり社会にフィットしない独りよがりのものであるということではニーズが無くなる。

一般的に考えると、人事部門を中心にAの休暇休職の管理や面接をしつつ、必要に応じ産業医との相談、上長Dとの面接を入れながら職場の調整を進めていく。治療をするのは、主治医の治療やクリニック等でのカウンセリングになるので、人事部はそれらの専門家と繋がる際の情報提供を担うことが多い。また、今後は社員教育の中でセルフケア、ラインケアを進めたいのでそちらの手伝いをお願いしたいなどと言われるかもしれない。

こういったところがざっと考えた対応であるが、もろもろの状況を勘案していく中で哲学的な問いが立ち現れてくる。


「では、そもそも会社の中で困っている人は誰だったのだろうか」

「会社の論理と専門職倫理の矛盾をどう考えるのか」

「この組織の中で自分に何が求められているのであろうか」

「何をゴールとして取り組めばよいのであろうか」

「通常は見えないし考えないけれど、ほとんどの臨床は組織の枠の中で行われている。その見えない枠の中で専門職はどのような働きをすべきなのか」

「社会や組織の中で心理臨床はどう位置付けられるのか」


臨床から出てきたこういった問いをどう考えていけばよいのであろうか。

2 〈架空事例2〉「クライエントの役に立つとはどういうことなのだろうか」

「カウンセリングでクリニックに来訪したクライエント。三十歳台半ば。配偶者なし。大手企業の広報課に勤務。仕事を続けるかどうか迷っているということを主訴としてカウンセリングを開始。数回目のカウンセリングのとき、自身が難治性の血液のウイルス感染症に罹患していると吐露される。一般的な仕事や生活上の接触では他者に感染しないというエビデンスがあるものの、社会の受容度合いとしてはまだまだ偏見が根深いという現実。その後の面談は、結婚や老後などの話題も混ぜつつ、会社にどう伝えるか、今のところで勤務し続けるか、どう生きていくかということが話題となった。表面的にはとても論理的に話をされる方であり、毎回カウンセリングのテーマをペーパーにまとめてきておられた」

直近の新型コロナウイルス感染症の例を持ち出すまでもないが、社会全体がエビデンスに基づいた医学的に妥当な認識を持っているわけではない。ちょっとＷｅｂを覗けば、定説とされた情報、政治的に判断された情報、明らかに間違った情報、少数意見や現在研究途中で今後の研究を待っている情報などもあり、どれを信じるかは個人次第だ。それらの情報から正しい選択をする人もしない人もいるし、そもそも情報を見ずに感覚だけで怖いとしてしまう人たちも実は少数ではない。最も適切な情報が入るであろう働く世代の人々でも、特に感染症に関する態度は理性的とばかり言えないものがある。ましてや、家族、子ども等の話になれば、一〇〇％の安全以外は危険ありという思考パターンとなるのも致し方ない。

このケースのクライエントは、感染後のいろいろな症状が出始めた当初、うつ病の症状ではないか、加齢による心身の変化からくるものではないかなどと考えたとのことであった。自身の生活の中での行動を振り返れば、もしかすると何か別の病気なのではないかとは薄々考えつつ、睡眠の乱れということを主訴に精神科クリニックに来院。治療しつつカウンセリングを開始することとなった。ほどなく、本格的に自分の体調が感染症からきているのではないかと考えざるを得なくなり、検査機関で検査したところ難治性の感染症の陽性が判明した。

今まで意識することもなく安定していた足元が崩れ、すべての支えを失ったような気持ちになり、これから何をどうしたらいいのか。会社にどう伝えるか、今のところで勤務し続けるか。障害者手帳をとるか否か、どう生きていくか。カウンセリングでは具体的な情報を持ち寄りながら話をしていくことになった。

会社の方に伝えるかどうかについては、なんらかの決心がついたところで話をしたいとのことだった。ただ、言わなければならない先の人事部長は、たぶんこの感染症に関して相当ネガティブなイメージを持っていると思うので、ある程度覚悟を決めてから話を持っていきたいという希望も持っておられた。

クライエントは、毎回ペーパーにその日に話す内容をまとめてきており、特に会社に残るかどうかということについては具体的であった。ペーパーには、①このまま疾病を隠して勤務を続ける、②障害認定を受けて障害者枠で現職に留まる、③障害者認定は受けるが一般枠で転職、④障害認定を受けて障害者枠で転職、⑤認定を受けずに再就職といった選択肢が書かれていて、それごとのメリット・デメリットをきっちりと話された。

カウンセリングは、会社の中でこういった疾病にどの程度寛容でいられるか想像しつつ、クライエントの病気や障害の受容過程に配慮しながら進めていった。決して安定して淡々と進んだわけでもなく、行きつ戻りつ涙にくれることもありながら、最終的には障害認定を受け、他企業に障害者枠の雇用で勤務することになった。

概要はここまでである。

この事例は、表面的には疾病に罹患した社員が、当時の職場からどのようにして次の職場に移ったかという転職の話である。が、その本質を考えると、受け入れがたく逃れられない不条理にみまわれたクライエントが、苦しみながら新たな自分の生活を作っていく過程である。

カウンセラーの役目は、当該疾病に関する正しい医学的知識、医療や福祉の支援制度の知識、経済的余裕の範囲でどのような選択が可能か、会社組織に関する知識、福利厚生制度の理解、病気の受容過程などという情報を持ちつつ、辛いけれど進むということに寄り添い同行することであった。クライエントの受容過程に伴走する役割といってもよかろう。

しかし、考えればすぐわかるとおり、クライエントの人生の選択を最終的にどうするのがよいのかということについてカウンセラーが判断するものではない。あくまでも、クライエントが決意しそれを引き受ける覚悟をするしかない。それにもかかわらず、人生の大きな決断をするために、クライエントはカウンセリングに訪れる。それにどう応えるのかということは、実は心理臨床という営みの根幹といってもよいのではないだろうか。

そしてその時、

「カウンセラーはクライエントの幸福にどう寄与できるのだろうか」

「クライエントの役に立つとはどういうことなのだろうか」

「心理臨床とは何なのだろうか」

という問いが目の前に突き付けられる。

3 〈架空事例3〉「クライエントの心からみえる社会の変化とはどんなものか」

「上司Fに指導されているなかで、変えられない自分の仕事のやりかたに思い至った社員E。上司Fの言っている生産性や企画力の重要性はわかりつつ、作業ベースの仕事に適性を感じ、社会の中で取り残されてきた感があるという。再雇用職員で人事担当Gは社内でメンタルヘルス相談を担当しており、社員Eの相談を受けていくなかで、社会の変化と会社の在り方について考える」

Eは四十歳台前半。某素材系企業に在職。公共サービスの企画担当チームリーダーに抜擢されてから体調不良が続く。以前から異動時に体調不良となることがあった。この会社では、再雇用の人事担当職員Gがメンタルヘルスの相談員をやっており、社員からの申し出で一回三十分程度の時間をとって話を聞くことになっていた。Eは月に一～二回程度面接をしたいと言ってきた。話の内容は、上司Fから、住民サービスのニーズを掘り起こして新たな事業を検討してほしい、とにかく三割の段階でいいから報告だけでも入れるように、自分で資料探しやパワーポイントを作成するのではなく部下にやらせるようになどの注意を受けているが、なかなかそれができない。そもそも人を使うことが苦手でもあるとのこと。以前は、徴収サービス関係の現業に近い仕事をしていたが資料作成、データ管理をもっぱらとしていた。ルーティンや超過勤務は苦にならずむしろそれを少なくしろと言われるのはしんどいと思っている。上司Fは凄く丁寧に教えてくれるし、できないところには柔らかくツッコミを入れるような感じなので有難いとは思っているが、との話であった。Eは、従前やっていたルーティンワークのような仕事については厭わず取り組む一方、状況を分析し企画を通していくような仕事、あるいは六勝四敗でもいいから収益性を狙っていくようなミッションには不得手感を示すことが多かった。

Gとの面接とは別に、Eは市中の心療内科クリニックで投薬治療とカウンセリングを受けていた。本人の希望で、不定期ではあるが情報共有するためのサマリーが人事部に届いた。直近で届いたサマリーには、Eの父親が、旧帝大を出て都市銀行の偉い役職であったこと。学歴もあり時代もあって銀行も安定していた中で順調に出世していったこと。帰りが遅く、話をすれば仕事のことばかりで大人になるとはそういうものだと考えていたこと。自分には父のような学歴がないことや、大企業ではないことが自分のモチベーションにつながっていないのではといった話題が上がっていると書かれていた。また、仕事の中で上司との関係で父との関係を想起させるようなものがないかが気になると書かれていた。

事例の紹介はこのあたりまでにしておく。

ある程度決まった仕事を、時間を厭わず淡々と行うことについては社内でも評価され、その真面目さは彼が入社した頃からつい最近までの間、社内の評価基準となっていたものであった。ところがその真面目な仕事ぶりを評価され昇任すると、今度は部下に指示をしながら全体を調整しながら新しいものを作り上げていくという、マネジメントや生産性が評価基準となっていった。

社会全体で生産性というものが求められるようになると、今まで自分のペースでやっていたやり方が通用しなくなる。その時にこんなふうに声をかけられる。

「今までやってきたことではだめだ」「新たな取り組みを考えなければならない」「チームをまとめてシナジー効果を発揮してほしい」「強いものが生き残るのではなくて変化に対応できるものが生き残ってきたのだ」「生産性は短い時間で大きな成果を求めるということだ」等々。

この声かけは正論であるけれどEにはちょっと難しかったようだ。

なお、クリニックからの情報提供にあった父の学歴や仕事ぶり、あるいは、上司を父親と同一視しているのではないかという指摘は、こと今回の案件を考える上では一旦横に置くことになる。企業としては、仕事を継続できるか、できるのであればどの程度かという点が重要であり（事例性として対応する）、病名や見立てだけを前提に治療としてEに関わる（疾病性として対応する）わけではない。言うまでもないが、外部からの情報が重要な意味を持ちむしろ企業内で見えていないものが発見できることも多い。このあたりもケースバイケースであって、当該事例については、という限定の判断であったとのこと。

さて、人事部内では、Eのメンタル不調から配置の転換を検討することになったが、それと同時に企業の風土を検討することも必要ではないかという意見が出されるようになった。つまり、真面目にルーティンをこなすことが得意な人が悪いわけではない。製造業モデルが主流の時代はそういった人材が多ければ多いほど生産性が高まったのも事実である。しかも、それを評価して昇任させてきたのも会社の考え方であった。世の中の変化により、企画や情報の生産性を重視する時代となり、人の働き方も評価されるアウトプットも大きく変わった。そこで、今までの制度を根本から見直し、人事評価を作業のアウトプットから企画判断についても評価できるよう整理しなおした。一方で、今まであった時間的管理と真面目さを評価する基準も必要の範囲で残すこととし、仕事の得意不得意の多様性を認める人事制度を検討しはじめたとのことである。なお、Eは専門職系部門へ異動となり休むことなく勤務している。結果的にではあるが、Eの体調不良からそれまで会社で使われてきた人事評価を見直す機序になったということである。

少々大きな話になるが、わが国の戦後の労働環境は製造業モデル（労働力の均一性と時間の長さで生産力を量る）で作られたものともいわれる。会社という組織においても長くそれが信奉されてきた。ただ、一九九〇年あたりから大きく進んだ社会の情報化等の社会変化により、過去から培われた時間管理をベースにしたやり方のみでは企業経営において適正な人事評価ができなくなっていった。その結果、従来は評価されてきたのに現在ではどう振舞ってよいかわからないEのような不幸な社員が増えることになり、そのやり方では会社全体の成果を上げていくこともできなくなった。

当該事例は、一人の社員のメンタル不調から社会の有様が見えてきたので、それに対応するという方向にかじを切ったという話である。

そこでまた、次のような問いが立ち上がってくる。

「世の中の変化は個人の働き方にどのような影響を与えるのか」
「組織の目的と個人のやりたいこととの整合性をどうとるか」
「クライエントや社員の心から社会の変化をどう見るのか」
「変わるのは組織なのか個人なのか」

産業心理臨床に取り組むうえで重要な視座が拓かれる。

4 （架空事例4）「意味が世界を作っている」

「某商社の子会社勤務のH。三十歳前半でリーダー職。既婚で妻と二歳の子と三人暮らし。本社から異動してきたゼネラルマネージャーの強硬な指示のもと大きなプロジェクトを進めていたが、幹部に対するプレゼン二日前の深夜、近隣の雑居ビルの屋上にたたずんでいるところを警備員に発見され保護。そのまま近隣の公的総合病院に二カ月入院となった。退院後、近隣の精神科クリニックに紹介され、外来診療及び心理士Jがカウンセリングを行うこととなった。Hは、当初、自分がこのプロジェクトを成功させなければならないと思った、申し訳ない、心身がついてこなかったと語ったが、後に、組織体制がいびつな中で頑張りすぎた、仕事って何なんですかね、会社って何なんですかねなどと語った」

既成業種への参入を目指し、新たなビジネスモデルを作れという命を受け、役員待遇のゼネラルマネージャーKが本社から異動してきた。社内でプロジェクトの考え方を戦わせるなかで、Kと、Hの上司であるマネージャー、グループリーダーらとの確執が発生した。Kは職階をとばして直接Hに命令指示をするようになった。Hの超過勤務はひと月の平均が百三十時間を超え、上長らからの支援を受けることなく一貫して強硬なKからのリクエストを半年以上受けているうちに、睡眠障害、食欲不振、思考力の低下、眩暈、意欲の低下等がみられ、傍目にもわかる疲弊状態であった。周囲から無理するなとのねぎらいの言葉はあったが、配置の転換はKの意向で認められなかった。妻からも「もう休んでほしい」「病院にいったら」と言われたが「このプロジェクトはうちの会社と本社の命運がかかったものだから」と答えていたとのこと。

近隣の内科で診察を受けたところ心療内科の受診を勧められたが、敷居が高いと感じそのままに。三月になり、幹部に対するプレゼンがあと二日とせまる深夜零時ころ、近隣の雑居ビルの屋上にたたずんでいるところを警備員に発見され保護。そのまま二カ月の入院療養となり、会社も病気休職となった。退院後は、近隣の精神科クリニックで投薬とカウンセリングを開始。カウンセリングでは、当初、自分のふがいなさや申し訳なさを語っていたが、そのうちに、まともな組織体制でやらないと同じ事が起きますね、もう責任ある立場にはつけませんね、パフォーマンスの瞬間最大風速よりも長く続けるほうが面積は広いんですよね、妻に申し訳なかったと思っています、会社って何なんでしょうね、仕事するって何なんでしょうねという内容に変わっていった。また、自分の心身とどうつきあっていくのか、会社に戻れるのかまた戻りたいのか、会社とどんなふうに付き合っていったらいいのか、焦る気持ちや不安な気持ちをどう抱えていけばよいのかといった具体的なことも併せて話題に上がっていった。半年ほどたち、睡眠、食事、生活活動といった基本的生活習慣が戻ってきたため、リワークを開始。自分自身の体調や気持ちに気づくためのワークや資料のまとめ等を行った。休職から一年ほどで職場復帰することとなった。配置転換をし、慣らし期間を経て、超過勤務制限をかけた勤務から徐々に進めていくことになった。なお、ゼネラルマネージャーKはHが休職した翌月に本社に異動、Hの関与していたプロジェクトは他の社員が粛々と進めているとのことであった。

一般的に職場のストレスを考えるとき、業務量が不適切であること、自己決定権がないこと、孤立無援であること等が大きな要因とされる（職業性ストレス簡易調査票の結果による「仕事のストレス判定図」より）。当該ケースはこれのいずれにも当てはまったが、このミッションが会社にとって重要なものであったことから途中で軌道修正できなかったと思われる。H自身、当初は大きなプロジェクトに参画できて嬉しかったとのことだった。マネージャー、グループリーダーとKの確執があり、組織として修正が難しいとはわかりつつも、なんとかやって進めていってほしいと言われていたとのこと。周囲も可哀そうだと思いつつ、組織の問題を放置していたということになる。本社から命を受けてきたKの要求は、量的にも質的にもとうていHひとりで具体化していけるものでもなく、かといって権限がないので仕事を周囲に振ることもできずに業務過多になっていった。本人は使命感もあって休まなかったのかもしれないが、途中でHが疲弊していることが分かった段階でも周囲からの支援がなかったところは会社の大きな課題として残る。自殺念慮のレベルなのか自殺企図であるかは本人もよく分からないとのことであったが、比較的致死率の高い選択であることや、その時の心身の状態から想像するに相当危険であったことは間違いない。発作的に行動に移してしまうことも十分ありえた。

Hは、引き受けた仕事をしっかりやり遂げるのはビジネスパーソンにとっては当たり前であり、それをしないのであればここにはいられないと思っていたということだった。もちろん、会社からどう見られるかということを常に気にしていた。結果、休職となり、復帰か退職かを考えた中で、会社は自分がいなくても何も変わらなくまわるんだと気づいたとのことだったが、残念と思うのが一割くらいであとは肩の荷が下りた感じがしたとのことだった。

そもそも、社長が変わろうが役員が変わろうがこの会社はある。建物が変わってもこの会社である。自分がいようとやめようと、上司がいようと変わろうとこの会社はある。そうすると、そもそもこの会社っていう存在は何だろうということになる。あるいは、自分という存在は一体、何なのだろうかとも考え、役員だ平社員だと言っても、それはそう決めただけの話であって、もしかして、勝手にこういうものだと自分の頭の中で決めたファンタジーなんじゃないか。そのファンタジーに自分が自分で縛られていたのかもしれないと感じたとのことだ。

ここでまた哲学的な問いが立ち上ってくる。

極端な言い方ではあるが、会社とか上司部下というのは、実は固有の実体をもったものではなくて自分を含めた社会の約束事だ。同じ虚構を信じることによって実体としているにすぎない。これを、間主観性とか共同幻想という言葉で表現してもよいのだが、あえてそこに生じている「意味」とか「関係」などを大くくりにまとめて「意味の世界」という言葉をつかってみたい。

そうすると、

「意味の世界からは抜け出られないのはなぜか」

「いつどうやって意味の世界はできあがったのだろうか」
「意味の世界にしか存在しない会社とか役職っていったいなんなのだろうか」
「意味の世界が自分の生命さえ脅かすというのはどういうことだろうか」

といった問いが立ち上がってくる。

もちろん、これらは心理臨床の中での技法や態度の話ではない。あえていうならば心理臨床の基底をなす領域、あるいは社会的動物といわれる人間存在の大本の話といってもよいのではないだろうか。

V 哲学的な問いを考える前提としての態度

1 問いについて少し考えてみる

以上、産業心理臨床の架空事例をもとにして哲学的な問いが立ち上がってくる場といくつかの内容を紹介した。詳細は各自の経験と異なっていても似たような問いについては思いあたるふしがあるのではないだろうか。本章の冒頭にも書いたように、ここで一つひとつの問いに答えを出していくということではないが、どうして答えが出にくいのかということについて、ほんの少しその問いに想いをはせてみよう。

架空事例1で出てきた「そもそも会社の中で困っている人は誰だったのだろうか。誰に支援していけばよかったのだろうか」という問いを考えてみる。

これは、適切な支援対象の選択はどのようなものかという問いに変わり、さらに、そこで自分はどのような役割を果たす必要があるのか、どんな契約でこの場にいるのかというふうに変換することができる。

では、はじめからその問いがあればよいではないかということにもなるが、話はそう簡単ではない。ケースを担当している中で、誰が困っているのかという問いが出てきた。一つの立場としては、例えば自分が無意識に身に纏っている臨床心理士や公認心理師といった専門性に目を向けることになる。臨床心理士等は病んでいる人、疲れている人、適応できていない人に寄り添うとしっかり習ってきた。意識せずにそういうものだとしている。その認識が暗黙のうちに自分の行動を選択させているということに気づくこともあるだろう。

しかしその一方、その専門性をもつ自分に対して組織は何を求めているのか、あるいはどのような契約で働いているのかということになると別の選択を考えざるを得ない。

この二つは矛盾対立することがままある。無意識のうちに自分が持っている（と思っている？）専門性と、社会から専門性を持つ人への要請が異なっている場合があることを教えてくれる。そこで初めて矛盾する二つの価値の中にさまよいはじめることになる。

逆を言えば、そういった矛盾に気づかないのは、専門性と周囲からの要請がぴったり合っているのか、あるいは合っていないことに気付いていないのか……。

架空事例４の意味の世界についても同様である。

『方丈記』の冒頭にこうある。

「行く河の流れは絶えずして、しかも、もとの水にあらず。よどみに浮ぶうたかたは、かつ消え、かつ結びて、久しくとどまりたる例なし。世の中にある人と栖と、またかくの如しなり。」

河の流れは変わりないが、元の同じ水ではなく次々と変化している。変化しているから一つの河という現象となっている。会社という組織も同様である。会社というものは人が入れ替わる。どんなに入れ替わっても前の会社と今の会社の同一性がなくなるわけではない。なぜならば、社長が会社ではない。社員一人ひとりが変わっても会社である。建物のことを言っているわけではない。定款が会社ではないし、法人登記が会社であるというのもちがう。財務諸表は数字の羅列だ。つまり、会社という実体はないのだけれど、人々の意味の付与によって世界から切り出されているにすぎないともいえる。会社が存在するのではなくて、全体存在の中から分節され意味を与えられた存在を会社と呼んでいるということになろう。

しかし、単に意味が共有されることによってできた実体なのだといっても、社会全体でそれがあることを前提に動いているので、当然自分の生活も左右される。そもそも、自分もそれがあることを信じているのだから。

それらは、自己実現の場や生きがいの源泉にもなるし、逆にそこに執着しすぎることで自分の健康、生命すら危険にさらすことにもなる。社会の中で生きていくうえで、意味分節したものによって生活を営んだり、社会貢献をしたり、さらに自己成長すらもできるわけで、これを丸々無視できるものではない。

よくよく世界を見まわしてみると、ほとんどのものが意味を付与されることによって実体とされていることに気づくだろう。そういった意味とか虚構の世界や、そこに含まれる矛盾するように感じられるものとどう付き合っていくのか。あるいは、その状況に気付けるかどうかもわからないが。

このように、一つひとつの問いの中に思いをはせていくと、例えば自分自身の立場における矛盾とか、解決できない意味の世界などというものが立ち現れてくる。簡単に割りきったり、解決できるものではないということだけはすぐにわかる。

2　哲学的な問いに対する態度

では、そういった問いに対してどのような態度や姿勢で取り組んだらよいのか。直接具体的に方法を示してくれるものはなかなか見当たらないのだが、このような態度が有効なのではないかと思われるものを紹介したい。

精神科臨床においてネガティブケイパビリティをもってそこに立ち続ける態度が必要であるということを土居が指摘している。ネガティブケイパビリティとは、「Margulies の論文の中で引用されている John Keats の考え方」と前書きしたうえで「不確かさ、不思議さ、疑いの中にあっても、早く事実や理由を掴もうとせずそこに居続けられる能力」のこととしているものである。キーツはこれを詩人にとって必要不可欠の能力であると説き、土居は面接者にとってもこの能力が必要であると指摘する（土居、一九七七）。

実は、大分前にこの論文を読み、簡単な表現の中に臨床においても生活においてもまた武術の練功などにおいてもとても重要な内容であると感じていた。数年前の心理臨床学会で北山修氏がネガティブケイパビリティについて講演されたときも同様に感じたところであるし、最近では、帚木が『ネガティブ・ケイパビリティ―答えのない事態に耐える力』を出版し好評を得ている（帚木、二〇一七）。この本は、キーツの足跡を追うところからはじまり、ビオンがネガティブケイパビリティを精神分析の中に甦らせたことや、医療、身の上相談、創造的行為にある「曖昧な状況に耐え」「切れ切れのものが均衡をとり一体となるのを待ち受ける能力」の大切さを述べ、最終的には親切が共感の入口であり共感が成熟に常に寄り添っている伴走者こそがネガティブケイパビリティであるとしている。

ところで、物事に対する態度についてこれと同様であると考えているのが、廖赤陽が示した『老子』の気功的な読み方に示している態度である。廖は老子を読むには、言語的な理解だけでは不足であり、むしろ身体的（気功的）な接近方法をとるべきであり、それが明確に記載されていると主張する（廖、二〇〇九）。

例えば、老子第二十一章にこうある。

「道の物たる、ただ恍ただ忽。忽たり恍たり、その中に像あり。恍たり忽たり、その中に物あり。窈たり冥たり、その中に精あり。その精甚だ真にして、その中に信あり」

なかなか訳するに難解ではある。例えば蜂屋の訳だとこのようになる。

「道というものは、おぼろげでなんとも奥深い。おぼろげでなんとも奥深いが、その中に何か形象がある。おぼろげでなんとも奥深いが、その中になにか実体がある」（蜂屋訳、二〇〇八）

抽象的な思想として字面を追うととてもわかりにくい。身体抜きで思想を捉えようとすると、なんとなく何かを訴えてくる文章ではあると感じるのだが結局よくわからない。

一方、廖は、これを身体感覚との接点を模索する方法、あるいは気功などの内証体験として読めばとてもわかりやすく理解しやすいという。直訳するとこのようになるとのことである。

「道そのものは、ただ恍惚のなかにしかみえない、ただ恍惚のなかにしか感じない。ぼんやりしてうっとりして、そうしたうちになにか見えるようである」（廖、二〇〇九）

大分わかりやすくなってきたのではないだろうかと思うがさらに解説を加えてみたい。全く個人的なことになるのだが、私は意拳という武術を学んで二十五年以上になる。時間だけたって一向に上達した感はないのだけれど、身心の感覚を元に動きを統合していくという稽古においてこの内容と同様な経験をしてきている。『気功で読み解く老子』を読んだ際に、思想的な点もさることながら、あまりに自分の経験と一致しておりとても驚いたことを覚えている。また、心理臨床においても、その場の雰囲気とか気配とか間合いというような物を見聞きしつつ直感的全体的に、その場を把握していくような場合にも同じような感じを持った。抱えきれない雑多な状況から何かを理解していくようなときも同様であった。ネガティブケイパビリティは、武術的なものにも通じているとも感じるし、心理臨床の技術でいえば、いわゆるフェルトセンスに耳を澄ませるということにとてもよく似ているところがあった。それらの経験も踏まえ、上記の文章を大胆かつ創造的に意訳するとこうなる。

「心の深いところにあるものや、身体感覚の精妙なところに、静かに目を向け、耳を傾ける。それらは恍惚の中にうすぼんやりとしか見えないし感じない。しかし、ぼんやりそこに意識を向けていると少しずつ何かが見えてくる。何かを感じてくる。それはしっかりした実感をもち、真実であるという実感があり、信じるに足るものである」

先の例で言えば、自分はどのような社会的役割を担っているのか、それと同時に専門は何を学んだ者でどう行為することが求められているのだろうかなどというような輻輳し矛盾する問いに耳を傾け、ぶれずにしっかりと両足で立ち続けるというような態度になる。これは簡単なようでいてその実とても忍耐力を要する。その態度こそがネガティブケイパビリティである。そして、その問いに含まれる不確かさ、不思議さ、矛盾、何か含意しているものを抱えることができたらわれわれが次にとりうる手段は、考え抜くということになろう。先にも書いたが、一般的な哲学の手法は、主に理性（ときには感性や直感や身体）を使って本質のようなものに迫ろうとする営みである。この方法選択についてはあまり疑問の余地はないだろう。

Ⅵ　哲学的な問いのなかに含意されているかもしれないもの

さて、本章では主に哲学的な問いの現れについて述べてきた。心理臨床の中で立ち上がってくる哲学的な問いは、内容の深い浅いもいろいろで、数の限りもない。内容としても、臨床の具体に近いものから抽象度が高いものまであり、単純にひとくくりで意味するものを書き表すのは難しい。

とはいえ、哲学的な問いの中にいろいろな可能性が詰まっていることや含意されているものがあることについて考えておかなければならない。出てきた問いにはどんな意味があるのか、どんなことに繋がっているのかについて考察を加えておこう。

1 身体感覚が残っているということ

一つ目は、身体感覚が含まれている哲学的な問いには矛盾する多くのものが含意されているという点である。

本章では、抽象的で哲学的ともいえる問いというような表現をしてきたが、単に抽象度が高いというのではなく、一番のポイントは身体感覚が残っているということである。抽象化を国語辞典的に言うと、いくつかの事物、表象から共通する性質を抜き出しそれを一般化して思考するさまということになる。若干、概念化の意味合いも含まれているようにも思うが、いずれにせよ具体的事象からなんらかの特徴を抜き出し、その特徴からさらにそのものらしさを引っ張り出してくる作業のことである。だが、抽象化という言葉はとても範囲が広い。最終的には、身体感覚、情動、体験の感覚が見えなくなるところまで行けてしまう。が、今回述べているのはあくまでもその手前の、心理臨床を進めていった先にある、事例の全体を表したような……あるいは、残っている身体感覚を含めその臨床が自分に語り掛けてくるような抽象というものだ。

先に、ネガティブケイパビリティ的な態度について考えたが、二律背反、矛盾対立といったものや、何かが含意されているものと感じられるものを抱えて留まっていられることが大切である。それに類似するものにフェルトセンスを挙げたが、八つの特徴（意識と無意識の境界領域、はっきりしない雰囲気・質、からだを通しての体験、一つの全体としての体験、一歩ずつ変化する、自分自身に近づいてくる、成長の方向性、理論的説明は後付けしかできない）と哲学的な問いは類似点が多い。また、『老子』を気功的に読み解くなど、身体を通して理解する思想を紹介したが、不確かさ、不思議さ、矛盾、何かを含意していると感じさせるものがあること、というのが特徴になっている。

これらの態度や感覚は、臨床を行っている間にもしばしばみられる。そのあたりにも学びの種が詰まっているように思える。

2 経験の全体を表しているもの

二つ目は、心理臨床の中から生まれてくる哲学的な問いは、その臨床の経験の全体を表しているものではないかということである。

第一章の「『りんてつ』の実際」の中で、「問いが出た段階である程度何かが見えているはずだ」と考察した。それは、そこに含意されている総体がうすぼんやり見えているけれども、まだ抽象的な問いという言葉でしか表現できない段階と考えたらよいのではないだろうか。自分ではそこに何かあることはわかっているが、総体として把握するにはまだまだということではなかろうか。これも繰り返しになるけれど、フォーカシングでいうフェルトセンスや、もっと言うと詩人や画家が内側から湧き出る何かを待っているその何か、気功で内的なものに耳を澄ましているその何か、武術で行う身心練磨法で見出そうとしている何かなどと今まで述べてきたことと同様なものである。自分の内に目を向け耳を澄まし、経験の中から何かが生み出される瞬間をじっと待っているその何かの全体と言ってもよい。まあ、人間の経験や潜在から生み出されてくるのであるから、臨床だけに限らないのも当然かもしれないが。

ただ、心理臨床はクライエント（あるいは組織もあり）の経験の一部に身を寄せながら行われる営みであり、時には自分の経験をも含め、言葉になっていない情報量が相当に多いので、事後も哲学的な問いが残ることになるのではないだろうか。個別具体の出来事のなかで、何かが重要視され何かが背景に退き、問いという形に一応整えられてくる。当然ながらその中には矛盾を含むエピソードや思想がごっちゃに入っているのであり、一本道で流れるようなストーリーにはなりようもない。

そんなことを書き記しながら、もしかすると、何度も使ってきた抽象的ではあるけれど身体感覚をともなったという表現自体が、自分の臨床感覚全体を表しているのかもしれないと……この文を書きながら今ふと思ったところでもある。

3　自分は何者かと問いかけるもの

三つ目は、心理臨床の中から生まれてくる哲学的な問いの一つは、社会全体の中に位置づけられる自分とは何者なのかという問いであるということだ。

ここまで「意味の世界」という言葉をあまり定義付けせずに使ってきた。これに少し説明を加えておく。われわれ人間が「世界」と言っているものは、単に生物学的な認知器官が認識したものではなくて、人間が長い歴史を経てつくりあげてきた社会的・文化的共同世界である。われわれは生まれたときからそれらの複雑な意味や関係を養育の形で与えられ、それによって物を見て、聞いて、味わい、感じ、意識するようになる。何を美味しいと感じるかといった生物学的な影響の強い感覚ですらそれらの意味付けの影響を受ける。ましてや、われわれが日常生活を営む現実(といわれる)社会は、ほとんどが意味の世界で出来上がっており、それらが輻輳してわれわれの理解を超えた新たな世界となっているともいえる。それらは架空の意味の世界でありながら、人の幸せ、健康、生命にすら直接、強く影響する。

誤解を恐れず言えば、人生の営みのほとんどが意味の世界の中にあるともいえよう。普段この認識はなかなか持ちにくい。意味の世界の中では、当然ながら自分自身にもなんらかの意味が賦与されており、あるいは関係の中から意味が縁起しているが、それにもなかなか気づかない。

さらに、自分を含め、意味でできあがった世界で生きていくためにはある種の諦観も必要になる。別の言い方をすれば、物事は辛いことを引き受け自分事として考えなければわからないということだ。対象を対象として捉え、自分は蚊帳の外にいてあとは誰かがやってくれるというような考え方は、そもそも世界全体の中に自分を位置付けていない。頭でわかっている、客観的に把握していると言っているものの多くは、一番大きな要素である自分を除いたものでしかなく、意味の世界の全体になりえないのではないだろうか。

哲学的な問いは、その臨床の経験の全体を表しているものではないかと述べた。含意される物語の前提は、自分はどのような立場でそこに関わっているのか、関わるべきなのか、どのような属性をもっているのかという認識にも繋がる。そこに無頓着であれば当然認識されるストーリーも変わってくる。

特に、自分の専門性などの、そもそも意味の世界の出来事を絶対視し拘泥しすぎると、突然社会が理不尽さを突き付けてくるように見えることが多いようだ。ひと山越えたところで出てきた問いに「そう問いただしている自分とは何だろうか」という内容が含まれるということに気づくことは、とても大切なことではなかろうか。

4　個人的な成長、成熟に活用できるもの

四つ目として、哲学的な問いを元に臨床家としての成長、成熟ができるのではないかという期待である。

杉原はカウンセリングを技芸（アート）と見る見方を表明している（杉原、二〇一二）。それは、「『カウンセリングは何か』という問い」という文章に端的に表れており、「カウンセリングとは、『クライエントの心理的な福祉の向上を目指して行われる対話』だと言えるでしょう。このくらい大まかに抽象的に言うと多くのカウンセラーが同意してくれるのではないかと思います」としたうえで、「結局のところ私は、『カウンセリングとはこういうものだという あらかじめ固定された考えに縛られること自体が、まったくもって非カウンセリング的だ』という考えを抱いているのです」と論じている。科学に裏付けられてはいるけれど、そこに縛られるものでもその枠にしか収まらないものでもなく、演劇、音楽、お笑いなどのパフォーミング・アートの一種と考えるべきものではないかと述べている。私もまったく同意見である。

とすると、例えばいろいろな技芸、あるいは禅や武術などによく見られるとおり、問いが出てくるタイミングやその内容によって成熟、成長、熟達を垣間見るという現象があるのではないか。もちろん技法そのものや理論的な整合性についての問いというのもあり、そこにも上達の形が見て取れる。更に、それを超えて、もっと全人的な成長を期待したいと言ったら過大な望みであろうか。

禅は禅問答により成長を促すと同時にその成長度合いをはかると言われる。臨済宗の考案のやりとりなどはその一例である。

中国の伝統武術では、内的な力を養成するための練功のメソッドがある。武術の師に聞くと、「それらの練功を続けていくと、分からないことを尋ねるのではなくて、自分の内部で醸成された体感、体認を確認するような問いが出てくることがある。成長の度合いがそれによってわかり、更なる成長も期待できる」とのことであった。聞いて分かるのではなく分かって聞くという段階があるということだ。(注)

幕末から維新の剣豪山岡鉄舟は『剣禅話』の中で「門前の瓦」の譬えをしている（高野、一九七一）。門前の瓦を手にして門をたたくと、家人が出てきて門をあけてくれる。そのとき、用の済んだ瓦は捨てなければいけないのにそのまま持っているとかえって不要になる。適時適切、出てくる考え方や問いも居ついてしまえば成長はない。初心者においては技法や体力の疑問しか出てこないけれど、中級、上級と進むにつれて体系的理解や矛盾するところを止揚しながら腑落ちできるものに変わっていく。

技芸の問いとはすべからくそのようなものなのではないかと思う。もちろん成熟自体に何かきっちりした基準とかランクがあるわけではない。人間的なのか技術的なのか社会的なのかという判断軸自体もだいぶ大雑把で体系やメソッドになりにくいものなのだろうけれど、技芸なので、もともとそういう単純右肩上がりにはならないということか。

いずれにせよ、心理臨床は多分に技芸的なものであるという見方によれば、問いによって事例の理解度が見える可能性がある。こういったことは、経験的にわかっていることでもある。いずれにせよ、事例の全体感を表現した問いにも意味があると期待してもよいのではないかと思う。

なお、浜渦はケアの臨床哲学を研究するなかで、「人間の成熟をめぐって―成熟の間主観性という次元」という論文を記している。ここで、哲学者にとって成熟とは何か、哲学者の成熟と人間の成熟はどのような関係があるかという興味深い検討をしている（浜渦、二〇一九）。最終的にはフッサールの成長について、個人としての研究だけで完結するのではなく、その研究が代を経て継続することを成長とするという流れであった。

この継続性についての内容自体も非常に興味深いものであったが、最も注目したいのは、専門職の成長と人間的成長の関係について問題提起したところであった。哲学という抽象を扱う世界においてそうであれば、さらに具体的に人の心理支援を行う心理専門職が、人間的成長と無関係というのはありえないのではなかろうか。

その意味で、まず自分や自分の営み自体を俯瞰して見るということが、臨床の上達に寄与する可能性があるとともに、個人的な成長、成熟に繋げていければという期待は、あながち過度なものではあるまい。

5　倫理的感性の醸成のために

本稿の最後、五つ目としては、哲学的な問いを考えることやその問いに気づくことを日常の習慣にすることが、心理専門職の職業倫理を考えるよすがになるのではないかという……ちょっとした期待と提案でもある。

これは、私自身が持っている心理職の職業倫理を考えていきたいという気持ちからきている。もちろん自分自身が倫理的に優れているということではまったくなくて、むしろ、いつもこれについてはどうしたものかと考えつつ悩みつつ臨床を含めた実務に取り組んでいて、毎度毎度頭を抱えることばかりと感じているからである。なんとか倫理的感受性や倫理的思考を向上させる考え方や方法論がないか模索しているところだ。

（注）意拳練功一得会・田所伸一先生との対話より。

問題があるのではないかと思う事例を仄聞することもある。

災害時の被災地派遣において相談室を作りそこから出てこないような場合。自分の流派の技術標準に則ってワークに誘導したところ後々苦情となったが、問題はそのクライエントの人格特性にあると決めつけてしまうような場合。守秘は心理職の大基本だと教わったので連携しなければいけない先にもかたくなに情報を出さないと勝手な判断をする場合。逆に、集団守秘（法的に認められる概念ではないのだが）があるので秘密は守られる、すべて出せる形で整えておくことが必要だと軽々に判断してしまう場合。Ｗｅｂ上でのカウンセリングは対面と同じことができないから絶対やらないという判断。逆に、とにかく何でもそこでやってしまおうとする考え方。ＳＮＳカウンセリングにおける記録データは誰のものかという検討なく、一概に自分のものだと言い張ってしまう場合。いろいろな場合において倫理的な軋轢が生じることがありうる。

また、物事の考え方について気になるところもある。

守秘義務と情報共有しつつ職種間の連携を行うというのは、初めから矛盾していることである。一つの価値基準だけで正しいとか正しくないとかは判断できないし、判断すべきものではない。例えばそこにインフォームドコンセントという概念を持ってくると内容がとても理解しやすくなるなどということがある。これらはケースごとに抽象度を上げたり下げたりしながら適切な対応を考えていくこととなる。これも哲学的問いについて考える際の流れに近い。

さらに、心理支援に関する情報をどのように扱うかについてさまざまな疑問が湧いてきていると聞く。どのような記録を書くのがよいのか。どう保管すればよいのか。電子カルテにどこまで記載していいのか。情報開示の範囲はどこまでなのか等々。組織の在り方を無視して心理臨床をこうしたいという要望から考えるだけでは答えは出ないし、昔ながらの臨床心理の訓え（おし）からだけでも解決がつかない。

人のこころの話と同様に、状況を十分に把握してそこから対応策を考えていく。自分の専門性という剣を手に持ったまま事実を見ていくのではなく、それをちょっと横に置き、自分を含めた物事を客観的に観察してみようというくらいがよいのかもしれない。全体を捉えるために、何かそこにあるかもしれないけれど曖昧な状況に耐えながら考え続ける姿に繋がる。それはまさしく哲学的な問いに対してわれわれがとりうる態度であるというのが本稿のテーマの一つでもあるところだ。

なお、心理職の専門資格の各団体が示す倫理綱領等の規定には、人権を尊重し、自らの知識・技能を磨き、守秘に配慮し、説明義務を果たし、多職種としっかり連携する等が例示的または抽象的に定められている。こういった抽象的な表現としているのは、他の職能集団においても同様である。具体的にすべてを網羅することができないことに加え、いわゆる臨床以前の考え方やふるまいであったり心理臨床の基底をなす領域のことを言っているからであろう。社会の中で自分自身がどのような位置づけにあるのか、なぜそれをする必要があるのか、その専門性を発揮した場合にはなにがどう変わるのか。また、多職種との連携をするのはなぜか、逆にしないのはなぜかといったことを、面前のこの人やこの組織……そして、自分を含めて考える視点の重要性を教えてくれる。それを倫理的感性と言ってもよいと思うし、専門職としても一社会人としてもとても大切なものであろう。

これらのことについて、すぐにわかる研修をやって欲しいとか、一から学べる教科書をという希望もあるだろうが、実はそれはとても難しいリクエストだと思う。抽象化した言葉でものを語って伝わるかどうかということについては、第Ⅲ節「哲学と身体感覚」で述べたとおりである。また、抽象化された文章から具体を思い起こすのはとても大変な作業である。逆に、具体から考えていく方がわかりやすいのではないかとも思えるが、具体は普遍化しづらいという欠点もある。いずれにせよ倫理的な課題を感じ取るための感性を一朝一夕で醸成するのは難しいということなのだ。

問題となりそうなところにどう気づくのか。それとどう付き合うのか。どう解決するのか。それには日常から問いを発見し考える習慣をつけていくことしかないのではないかと思う。そこに心理臨床の中で立ち現れてくる哲学的な問いを考えることが寄与できるのではないかという期待をもっている。

Ⅶ　抱えること気づくこと考えること

結局、本稿の中で出てきた架空事例の中からの問いに対しては一切の解答を出していない。冒頭で、「そういう矛盾ってあるよね、産業心理だけではなくても結構同じような経験するよね、仕事や生活で答えを出すのが難しいところがあるね、などと感じられればひとまずの役割は果たしたということにしたい」と書いたとおりだ。それもある意味当然で、哲学的な問いというのは一応問いという形にはなっているけれど、そもそも個別具体のエッセンスを含んでいるものなので、ちょっと聞いて目から鱗が落ちる答えが用意できるわけではないというのがその特徴でもある。

いずれにせよ、まずは出来事を抱えてみて、そこから自分の中に立ち上がってきた哲学的な問いに気づくのが先決だろう。そのうえで、自分で考え抜くという姿勢とか覚悟とか、それなりの耐性——本章ではネガティブケイパビリティとした——を持って臨むしかなく、あくまでその問いを抱えて、感じて、考えて、肚を据えるというようなところが大切なのではないかということを紹介できていれば御の字としておきたい。

〈参考図書〉

出口治明氏（二〇二〇）「長時間労働をやめれば日本経済の道が開ける―製造業の成功体験から脱出する方法」（https://workstyle.ricoh.co.jp/article/apu-deguchi.html）
土居健郎（一九七七）『方法としての面接』医学書院
E・T・ジェンドリン［村瀬孝雄、池見陽、日笠摩子監訳］（一九九九）『フォーカシング志向心理療法上・下』金剛出版
帚木蓬生（二〇一七）『ネガティブ・ケイパビリティ―答えの出ない事態に耐える力』朝日新聞社
浜渦辰二（二〇一九）『ケアの臨床哲学への道』晃洋書房

伊藤研一・阿世賀浩一郎編（二〇〇一）「治療者にとってのフォーカシング」現代のエスプリ四一〇号
貝谷久宣、熊野宏昭、越川房子編（二〇一六）『マインドフルネス―基礎と実践』日本評論社
鴨長明（一九八〇）『方丈記』講談社学術文庫
老子［蜂屋邦夫訳注］（二〇〇八）『老子』岩波文庫
廖赤陽（二〇〇九）『気功で読み解く老子』春秋社
諸富祥彦編著（二〇〇九）『フォーカシングの原点と臨床的展開』岩崎学術出版社
村瀬嘉代子（二〇〇三）『統合的心理療法の考え方』金剛出版
新田泰生、足立智昭編（二〇一六）『心理職の組織への関わり方』誠信書房
大阪商工会議所編（二〇二一）『メンタルヘルスマネジメント検定試験公式テキスト第5版』
H・S・サリヴァン［中井久夫、宮崎隆吉、高木敬三、他訳］（一九九〇）『精神医学は対人関係論である』みすず書房
杉原保史（二〇一二）『技芸としてのカウンセリング』創元社
高野澄訳（一九七一）『山岡鉄舟・剣禅話』徳間書店
滝川一廣等著（一九九八）『治療のテルモピュライ―中井久夫の仕事を考え直す』星和書店
鷲田清一（二〇一四）『哲学の使い方』岩波新書

あとがき
――促される思考――

奥村茉莉子

六名の執筆者の原稿に接してそれぞれの方がこんなにも異なるメンタリティーの持ち主で、異なる表現をされていることに驚かされている。改めてそれぞれのテーマとそこに著わされているその方の思考について、私なりに理解したことを、一部に過ぎないが取り出してみた。

I　思考と身体感覚

本書の共同編集者の池山氏は終始このグループ討議の座長のような役割をとられ、議論の赴くところに沿いながら時には脱線していくこともある流れに落ちを付けるよう心がけておられた。書かれたものにも出てくるが、彼は武道にも造詣深く、武術において他者と気を合わせる時の身体感覚について語る多くの言葉をお持ちのようにお見受けした。今回は神谷美恵子の、現実にもそうだがメンタルに波乱に満ちた生き方に触れ、まさに触発され展開する思考を言葉にされている。氏が説明するこのグループの営みは「課題本という素材があって、そこから抽象度を上げていくなかで、自分なりの示唆を汲み取り、今度はそれを自分の課題や身体感覚と照合しているのが『りんてつ』らしさであろうか」ということである。ここでは「自分の課題や身体感覚」とまとめて述べられているが、課題を認識していることとそれを乗せている身体の感覚が同時に思考の船に乗っていることは、ものを考えるときの機能として誰しもいつでもそのようにできるとは必ずしも思えず、それができるときは、存在のあり方としての全人性がそこに機能していることになるだろう。池山氏は最後の章でもこのことについて考察されている。

身体感覚は、病の警鐘としての痛み、だるさ、悪寒、嘔気、息苦しさ、痺れ、痒み、重さ等の他、目の覚める思い、体が軽い、ウキウキ、ドキドキ、ワクワクなどというポジティブな感情に伴う感覚もある。これらの身体感覚には気分としてのうつや焦燥感、脱力感、緊張感や躍動感といったものが伴うこともある。身体感覚、気分、感情は同時進行するかもしれない。また、身体感覚はいろいろな種類が自覚されるのだが、それが思考とどのような関係にあるかについては一様ではない。痛み等は病の兆候として直感され、思考に届く前に、恐怖、不安、うつ、閉塞感といったネガティブな感情がおこり、それに気分が並行して伴い、さらに病にまつわる思考が続き、それから対応する行動が続くといった連鎖が想像される。また、ネガティブな身体感覚は、自分の身体ではあるが思考にとっては外にあるもの、という性質があると言えるかもしれない。その時、身体感覚は思考の対象として認知されていると言えるだろう。他方、ポジティブな感情に伴う身体の感覚は認知的に対象化されず、感情と一体になっているのが自然のようだ。

鬱のような感情から入る身体感覚への意識づけという方向もある。うつな感情は重篤な時は特にネガティブな自動思考が共存していると言われるが、そこに同時並行している身体の「感じ」に意識を向けてみることが心理療法的には意味がある。身体の感覚に意識を向けることは感覚のほうから迫ってくる痛み等ではない場合、日常的にはあまり行われない。そこを敢えて取り組むことは心理療法の技法として複数の理論で扱われている。自律訓練法、臨床動作法、フォーカシング、ドリームワーク、マインドフルネス等、それぞれに具体的な取り組み方は異なるものの、基本には身体感覚を精神作用に統合していこうとする取り組みが含まれていると言えるだろう。

身体感覚はそこに意識を向け続けると変容していく性質がある。その変容は意識される心象イメージと関係して動くことが自己観察される場合もあり、身体感覚の変容とともに、そこにあった気分も変容することが自己観察される場合もある。そしてそれに対応する感情が本人にも思いがけない形で湧き出る場合もある。心理臨床におけるこうしたテーマはおおむね文字を唯一のツールとする哲学が直接扱うところにはなりにくいが、人間存在を深くつきつめた哲学者たちは思索活動の途上で生まれる直観に支えられつつ心と身体についてそれぞれなりの確信を抱いていたはずである。その一例が課題図書『感じる脳—情動と感情の脳科学　よみがえるスピノザ』に確認できる。

Ⅱ　ふたたび二律背反について

「はじめに」の稿で二律背反については現実生活に近いところでざっくりと書いたが、中村氏は児童虐待に関わるご自身の仕事において、支援することと教育指導することをいかに一人の心理士の中で統合できるかについて課題図書と並行させながら力をこめて考え抜かれた。宗教の教え、臨床の本質、自分の物語、そして祈りと、真摯な考察を展開されている。それに刺激されて、私も再度考えてみた。

二律背反状況にあるときの、思考も含めての身動きのとれなさに向き合うには、それを抱え続ける時間が必要だ。一方、葛藤を抱えつつ在り続けること自体、現実生活の中では容易ではない。しかしこの葛藤をかかえ続け、考え続けて、あるとき訪れる出口へのプロセスはその人の心の成長に深く資するものでもあると思う。哲学では、対立する命題があるとき、論理をもってこれを上位の考え方に統合することが物事や社会の進化そのものの過程であるとする思潮がある。すなわち私たちの精神機能には、そうした能力が備わっていると。他方、外的事物や社会の問題ではなく、私たち自身の心の中の問題としての二律背反状態にある葛藤は論理的な方法のみで超えられるのだろうか。

抱える葛藤は言葉にして、心許せる相手と対話をすることで少しずつ発酵し、紆余曲折しながら出口が見える、というプロセスはあるだろう。また、課題として意識しつつ、ものの本にあたるとか、あるいは自分が馴染める心理療法的な取り組みをしてみるのも方法であろうか。心に抱える葛藤は論理の正しさを追いながら考えるだけでは解消しにくい性質のものではないだろうか。そこには、前項で述べた身体感覚をも含めた心の機能を信じて取り組むことが近道のように思う。

幼少期からの生活、特に対人関係における二律背反状況が続くとき、葛藤は統合のプロセスに入らないまま、場合によっては二律それぞれを取り入れた人格の解離すら生じさせ得る。多重人格のような精神障害の域にまで至らなくても、自分の中に自分でも違和感のある思考や態度が生じてしまう、というような経験を持つ人は少なくないのではなかろうか。脳の神経ネットワークが、そのように働くことがベースにあるのだが。二律背反状況は生活の中にも仕事の中にもいつでも生じる状況である。その両方を抱えながら、時には仕事モードを脇に置き、力を抜いて、脳のデフォルトモードネットワークの助けを借りてみるのも一つの策だと思う。二律背反を避けげず、少し時間をかけて、その困惑や緊張、不安や怒りなどのネガティブな気持ちを避けずに抱え続けていることがこれに取り組むということになるはずである。

Ⅲ　コミュニケーションの力

行政はさまざまな力関係が錯そうする場である。権力を背景としての公務員の働き方を律する定めは、国にせよ自治体にせよ、公の仕事が私欲に侵食されない目的で設けられている。福田氏は淡々とした筆致でそうした構造を解説しつつ、真に市民のためになる仕事とは、と問うている。そして、その答えをいわゆる理念の提示や、市民の利益についてトップダウンで考えるのではなく、答えに至るプロセスとしてのコミュニケーションの実践がさりげなく示されている。「多くの市民と積極的にコミュニケーションをとり、市民の方が望んでいることを知り理解することで、本当に必要とされるサービスを見極めることにつながると思う」と、「市民が望んでいることを知り理解することで」とそのプロセスを述べている。この理解する、という事の中身がどのようであるのか、そのコミュニケーションの質が、結果を左右することになる。市民の意向を聞き、その内容を理解し、そして行政としてできることとできないことを瞬時に整理しつつ、要望を形にするための対話を重ねる中で、できないと思えていたことが、形を変えて実現できるかもしれない。中身のあるコミュニケーションは意思と努力が生み出すことは、組織においても家庭内においても言えることだ。コミュニケーションには現代さまざまな方法がある。敢えて遮断しない限り投げ込まれる情報にあふれた日常はメンタルには雑然としており、飛び交う言葉には真実味が薄い。しかしディベートではなく、意識的に対話に取り組む双方向の努力によって思いを伝えあう対話には閉ざされた事柄を開く力がある。

福田氏の書かれた後段では、彼の物静かな雰囲気から、いわゆるお役所の管理職のイメージではないが、物事の政治的な動き方に密やかな疑問を抱きつつ、公人の本分を発揮して職務に勤しまれていることがうかがわれ、ほっとさせられた読者もおられるだろう。

Ⅳ　死について

死は非日常のことであるが、病院で心理職として働くと、特に総合病院などではさまざまな死に出会う。心理職として出会うので、それは心のプロセスとしての死でもある。精神科での自死に出会うこともあるが、病の帰結としての死に出会う事の方が多かった。初めて出会った患者さんの死は自死ではなかったが長く不登校からひきこもりになった若者で、向精神薬が何種類も処方されている人だった。暑い夏の日、外来で面談をした数日後に、自室で亡くなっていたとお母さんから連絡があった。ＣＤを聞くのが趣味で、自分でもギターを奏で、時に作曲もしていた。交友はなく、頬のやつれた痩身の人の最後の面談の時は手が少し震えていた。お母さんから、本人と話をしてくれた外の人はあなただけなのでと葬儀の案内を受けて私は彼が通院するときに辿ったはずの坂道を登って花束を届け、その花束の置かれた棺が霊柩車に乗せられるのを見送った。次の死は乳がんの肝転移で亡くなった同僚の女性だった。肝性脳症でもう意識のない病床を見舞った時、少し離れたソファにいた中学生の息子さんから伝わってきた凍るような寂しさが忘れられない。

高齢者の死もあった。アルツハイマーを病んだ奥さんに精神科外来に付き添ってきていた七十代の男性だった。奥さんが歩ける間は二人と話をしていたが、もうベッドから出られなくなってからは薬をとりに来ていたご主人だけから話をきいていた。彼は第二次世界大戦日本軍の将校だったが、ご母堂は女医であり、敗戦の色濃い中国で、その方はどんな激しい心の持ち主だったのか、ロシアを諫めるのだ、と言って白装束を纏って一人で北に旅立ち、それきり手を尽くしたが消息は知れない、という話もあった。認知症になった奥さんは絶世の美女と言っても過言でない方で、華道の師範をされていて、生けた花を几帳面に絵に残していたという。その絵が認知症の進行と共に小さく、溶けた花のようになっていくのを私に見せてくれた。どうしても自宅を訪問してほしいと言われるので若い同僚の女性と二人でたずねた彼の家の玄関には紫陽花が生けてあり、庭に面した奥座敷の真ん中に藤製のベッドが置かれ、もう四肢は拘縮しているけれど表情はどこか微笑んでいるように見える奥さんを宝物のように守っておられた。ほどなく介護も限界と判断した娘さんが奥さんを引き取り、彼は自由な一人暮らしを満喫できるはずだったが、その日々は短く、外出途中の心臓発作で急死されてしまった。私は遺族と面識はなかったが彼の葬儀にそっと参列した。今思えば、彼の雰囲気からいつも伝わっていた、何か身に起きるものごとを掌に収めかねて、いつも怒っているような、驚き悲しんでいるような空気感は、大事な女性達がいなくなる寄る辺なさの形を変えた表現だったのかもしれない。それ以後、緩和ケアや骨髄移植に関わる部門も経験したので、さまざまな死とそれをめぐるご家族に出会ったが、患者さんの葬儀に参列したことはない。心理職として人の死に近しく関わる体験は、マルセル・デュシャンの墓碑にあるという「死ぬのはいつも他人」という言葉でくくられるものとは少し違う気がする。

さて、自殺についてである。齊藤氏の「ひとはなぜ生きていなければいけないのだろう」というストレートな問いは、早世の天才ブレーズ・パスカルの「誰が私をここに置いたのだろう」という問いを彷彿とさせる。齊藤氏は自殺してはいけない理由や自殺を止めなくてはならない理由を数えつつ、「死なないで生きている方がむしろ不思議に思う」という自身の感覚の中で「自殺を否定できないのに職業としてこれを止めるのは自己矛盾だ」と述べておられる。なぜ生きていなければならないのか、誰が私をここに生かしているのか、という問いは、もともとだれもが納得するような答えのありようもない問いである。しかし、これを問う営みは、心の中に静謐な想いの空間と思考を巡らせる時間とを必要とする。私たちはこのような問いに時として心身をゆだねることで、自らの所与の生をどう扱うか考えてみることができる。生きてあることは、与えられた課題なのだと思う。

V　課題とその変容・解消の条件について

小林氏の章はネット社会の真っただ中で不特定多数を相手にメッセージを発信し続け、その効果としての売り上げというフィードバックをたよりに、その仕事の意味を考えるというなかなかスリリングな営みを伝えている。そしてその過程ではさまざまなリソースとのかかわりが問題消退の契機としてとらえられている。仕事や生活の中で通奏低音のように自分にとって未解決の問題が感じられていることは少なくない。それらは時の経過にそって解消することもあるが、自分が抱え込んでいる課題、自分の認識の有り様に伴っている課題などには、小林氏が述べているような形で解消していくことがあるのだ。

私は前書きに心理職の国家資格創設について書いたが、その活動をしながら、何のための国家資格か、それを求めることの意味は何かという問いに、すっきりした答えをもたない自分がいたのも事実だった。多くの関係者との議論の流れの中に居て活動を共にしつつも、この曖昧さのためにもの言いが明確にならない。国家資格でないと職業として確立されない。その職業で家族が養える稼ぎに繋がる安定が必要だ。心理的ケアはもっと人々に普及されるべきだからこれは人々の利益のためだ。などなど、どれもいまいちなお題目の気がしていた。六十歳を迎えるとき、いわば衝動的だったが、社会人を募集していた哲学研究科の院生になったのも、この曖昧な自分が理由だった。退職後の非常勤仕事と家庭をもちながらの通学だから、地の利だけを優先した学校選びだったので、そこは大学生のころに第三外語で敗退したドイツ語がゼミの中心だったことを入学してから知ったような有様だったが。そして今思えば短い年月だったが、それは貴重な時間だった。修論に選んだニーチェの一説に、「社会における作用点」という言葉があった。文脈も忘れてしまったが、作用点という単語が浮かび上がって見えたのだ。そう、国家資格はこの専門性が社会に作用点として機能するためだ、というほかでもない理由をみつけたのだった。国家資格ができてから、医師や法曹の方が、国家資格は公器であることの自覚が必要だとか、専門性は他の条件に優先する、例えば職場の論理より要支援者への取り組みは専門性に基づいて優先しなくてはならないといった意見も、作用点として機能するための実践倫理に通じる気がする。

さて、話が脱線したが、小林氏の十年のりんてつ経験から、「ペストが流行ろうと戦争が起ころうと、残された者の生活は続く」「『ペスト』の背景に散りばめられた市民の、そして祖母のたくましさを思い出すにつれ、(コロナ禍の中の)販促への罪悪感や「こんなこと書いている場合なのか」という地に足がつかないような感覚は薄れていった」という記述にある、対象としての市民生活、何があるにしても生活のあることが、地に足のついた仕事を支えるのだという認識は心理臨床にも通じることだと考えさせられた。

Ⅵ 無償の営みについて

自らをビジネスパーソンと認ずる森永氏の、おそらく組織で有用な仕事をされかつご家庭をのびのびと営み、現代を颯爽と生きておられる方の、付け焼刃ではない哲学への志向を拝読した。

自由や自己実現というと個の内面でのみ営まれる問題のように受け取れるが、シュタイナーは晩年には「人間は子どもの時から大人になるまでの間に、自由な存在であると実感できるような社会秩序を建設できるのか」「自由な存在を自分の中で育て上げることが人間にできるかどうか」が問題なのだと考えていたという。シュタイナーの自由は、それを自分の中に実感できる存在になるための育成が必要であり、またそのような存在であることが実感できるにはそのような社会秩序を建設する必要がある、という考えに至っていたというのだ。掲げる理想と現実がかけ離れることが（晩年のシュタイナーはそう感じていたに違いないと思う）、彼が神秘主義思想家とされる内容でもあるなら、それは自由ということの実現はほぼ神秘の領域に属するのだという諦観にもつながるだろう。人間には神秘に属する想念が必要だ。しかし、内面の自由というテーマは、それを尊重することが社会文化の程度を表すとも思われる。一方が心の自由を標榜することは他方にとっては極めて危険だ、とされることもあるのだ。宗教や国家体制の形がこのことにも関わっているのが切実な実態であることは二十一世紀の世界の動向に明らかだ。

心に思うこととその内容を実行することとの間には大きな距離がある。心に何を思うのもそれは自由の範疇だが、それを実行することは時には自他に許されず、時には身に危険が及ぶことにもなる。心理療法では、心に思うことを、それを聞き取る相手に向かって言葉にすることによって、その実行をぎりぎりに止めたり、あるいはそこで語れる希望を実現するのに可能な方法を共に考えたりする。内面の自由ということと、それを現実の中でどのように自己の行動に適応的に反映させ、結果を実現するか、それが問題だ。企業という舞台で、従業員が自由と自己実現を追求することが企業自体の価値実現とあい携えていける関係にあることがおそらく社会の理想であろう。経営者が少なくともそのような「哲学」をせめて自らの課題としてほしい。大方はこれもおそらく神秘的な理想にすぎないだろうが。

ビジネスパーソン森永氏の考察を読んで、働くことはそこから生活の糧を得る目的以外の多くの無償の営みが基盤になっていると改めて思った。職場でも家庭でもその労働が経済に反映される計算に現代は余念がないが、そうした仕事モードを離れて我に返る時間が人には必要だ。自己実現という言葉の表すものは、働くことを通して人々に向き合うことと、心の中の個別で自由な領野との間を行き来することから生まれる自己を肯定する境地であろうか。それは「成長と貢献」という森永氏の定義と異なるものではないだろう。個別の自由な領野がかかわる営みは、無償の営みでもあり、人の行為は有償性と無償性のものが、別々であったり混合していたりするにしても、両輪として生きることを支えていると改めて思った。

Ⅶ　哲学につながる問いと身体感覚について

この章で池山氏は、日々の営みから生まれる問いにはその源泉となるその人自身の体験が伴うものだ、と言っておられる。しかし他者も共有する形で問いが普遍化して哲学領域のものになっていくとき、問いの源泉には伴っていた個別の身体感覚や情緒から離れていかざるを得ない。シュタイナー、ジェンドリン、そして大本としてのニーチェの、哲学と身体機能との連結の努力はありながら、哲学と心理学が大勢において、分かれてしまっているようにみえるのは、このような経緯の結果とも言えるだろう。だが、哲学的問いは天から降ってくるのではなく、個別の体験から生まれ、それが普遍化したものなので、逆に哲学的な問いを共有するところに立ち戻り、「もやもや」や「葛藤」や「憤り」なども含めた自らの身体感覚と照合しながら考えるところに、新たな出口が見つかるという成り行きもあることを改めて確認した。

池山氏の架空事例４のクライエントがいき着いたという「社会は意味の世界にすぎない」という認識は、その認識に自ら至ったことによってその方が自身の問題から距離をとることができ、職場復帰に繋がった。彼はおそらくその前とはどこか違う人柄になって会社に復帰されたのだろう。私はしかし、この方のこの知的な現実把握の帰結には、架空事例ながらいささかの危惧をもつ。この記述だけから考えるに過ぎないのだが、彼は実感の世界から解離した精神活動に傾いたきらいがあるのではないか。意味の世界にすぎない中で、生きてあることの喜怒哀楽を心の別室に隔離してしまっていないだろうか、と。

さて、社会はさまざまな概念のもつ意味が錯そうする時空間である。場によって求められると認識したその意味に沿って私たちはその顔をしてその役割を演じることが期待され、また自らそれを受け入れて振舞っている。課題本『ホモ・デウス』の著者ノア・ハラリによれば、人間は集団幻想を共有することで社会を維持し、またその幻想を改変しつつ発展させることもできた。見て触れることのできる実態をもたない概念で人は動く。宗教も社会のさまざまな機構も、もとは人間のこの能力によって成立していると。巨視的には確かにそうであり、この認識はさまざまな思考の発展を促す。しかし私たちが個々に立ち返るとき、臨床心理学の舞台もそうだが、概念以前の感覚の世界をもっていることが、生に彩を与え、生活の機動力となる喜怒哀楽の源泉である。そして私たちがそうした生の源泉に根差す言葉を、その気になれば他者と共有できる概念に昇華させる能力をもっていることが、臨床哲学にかかわることを可能にしている。実感と抽象の間をいつでも行き来できることが、哲学のある生活を生きたものにするだろう。

おわりに

二〇二一年、コロナ禍の中、集合して行う抄読会が難しくなった。オンラインでの会も試みたが画面での発言は平板に響き、集合のときの空気感がどこか欠けてしまうようだった。他方、一人ひとりの個性が、同じ重みで画面から伝わるような、集合とは異なる不思議な感覚もあった。この十年にそれぞれの方がどのような想いでここに参加されていたのか、見える形にまとめてみていただきたいという思いが膨らんで、本にしようと提案した。私自身にとっても、この十年は貴重な時間であったということもある。

金剛出版の立石社長に池山氏と恐る恐る相談したところ、いろいろな職業の立場からそれぞれの仕事が哲学に繋がるところで書いてはどうか、というアドバイスをいただいた。学術書とは言えないのに、心理学書の出版を専門とされている金剛出版で検討してくださることで、執筆者皆が私も含めてとてもうれしくなった。二〇二一年の夏、お盆休みは皆これに没頭されたと聞く。編集にあたっては編集部の中村奈々氏、梅田光恵氏にも具体的なところで大変お世話になった。厚く御礼申し上げたい。そして最後に、心理職ではないメンバーの一人から発せられた「カウンセラーって、何をもって人の心を動かせると思うのか」という問いかけに応えられる自分でありたいと思うのである。

■著者紹介

奥村茉莉子
一般社団法人　日本臨床心理士会　専務理事
一般社団法人　日本公認心理師協会　事務局長
「ポジティブでもネガティブでもどんな出会いであれ、次につなぐモザイクに組み入れて暮らしてゆきたいです。」

池山稔美
公立学校共済組合本部　施設部長
医療法人社団弘冨会神田東クリニック
公認心理師、臨床心理士
「何十年同じことをやっても新たな発見がありときめきがあるのは好奇心旺盛ということですかね。」

中村和江
港区子ども家庭支援センター
江戸川区清新町健康サポートセンター
江戸川区葛西健康サポートセンター
公認心理師、臨床心理士
「十年ぶりに日記を再開。日にたった数行綴るその作業が、通り過ぎていくはずだった一日の断片を心に刻む。日々是好日。」

福田一郎
西東京市役所　係長
「『福田さんは変ですよ。』と、後輩に言われた。そうだったのか、と
ちょっと納得。気づかせてくれて感謝。」

齊藤理恵
医療法人社団櫻和会櫻和メンタルクリニック　主任
公認心理師、臨床心理士
「図書館が好きだ。人々が揃って息を潜めて文字を追う空間が好きだ。どうかこの世から消えませんように。」

小林真記
コーヒー販売会社　制作職
「転職してから、世の中はこんなにもカフェであふれていたのかと驚いています。関心がないと目に入らないんだと改めて。」

森永信太郎
KDDI 株式会社　リスクマネジメント本部 監査部
「大阪勤務中の長男や、2022 年 4 月から就職で家をでる二男との他愛もない会話、今更ながら宝だなあと実感。」

臨床現場に活かす哲学的思考

――考える習慣としての「りんてつ」――

2022年5月15日　印刷
2022年5月25日　発行

編　者　奥村茉莉子・池山稔美
発行者　立石正信
発行所　株式会社金剛出版
〒112-0005　東京都文京区水道1丁目5番16号
電話 03-3815-6661　振替 00120-6-34848

装　丁　臼井新太郎
装　画　池山阿有
印刷・製本　音羽印刷

ISBN978-4-7724-1895-9　C3011

複雑性 PTSDとは何か

四人の精神科医の座談会とエッセイ

［著］=飛鳥井望　神田橋條治　高木俊介　原田誠一

●四六判 ●上製 ●204頁 ●定価 **2,860** 円

● ISBN978-4-7724-1890-4 C3011

複雑性 PTSD とは、長期反復的な
トラウマ体験の後にしばしば見られる、
感情などの調整困難を伴う
心的外傷後ストレス障害である。

自殺の危険 第4版

臨床的評価と危機介入

［著］=高橋祥友

●A5判 ●上製 ●488頁 ●定価 **6,380** 円

● ISBN978-4-7724-1867-6 C3011

自殺の危険を評価するための
正確な知識と自殺企図患者への面接技術の要諦を
多くの最新事例を交えて解説した
画期的な大著。改訂第 4 版。

セルフ・コンパッション 新訳版

有効性が実証された自分に優しくする力

［著］=クリスティン・ネフ
［監訳］=石村郁夫　樫村正美　岸本早苗　［訳］=浅田仁子

●A5判 ●並製 ●322頁 ●定価 **3,740** 円

● ISBN978-4-7724-1820-1 C3011

セルフ・コンパッションの
実証研究の先駆者である K・ネフが、
自身の体験や学術的知見などを
踏まえて解説した一冊。新訳版で登場！

価格は 10%税込です。

● ISBN978-4-7724-1868-3 C3011

● ISBN978-4-7724-1869-0 C3011

● ISBN978-4-7724-1876-8 C3011